Steuerrechtliche Einzelschriften.

Herausgegeben von

Dr. Alfred Friedmann, Rechtsanwalt am Kammergericht
und
Dr. Richard Wrzeszinski, Rechtsanwalt und Notar
in Berlin.

Schrift 3

Wie soll sich der Vorstand einer Aktiengesellschaft bei der Steuererklärung zum Reichsnotopfer verhalten?

(Ein Beitrag zur Lehre vom Schätzungsverfahren.)

Von

Dr. Alfred Friedmann,
Rechtsanwalt am Kammergericht.

Berlin und Leipzig 1920.
Vereinigung wissenschaftlicher Verleger
Walter de Gruyter & Co.
vormals G. J. Göschen'sche Verlagshandlung — J. Guttentag, Verlagsbuchhandlung — Georg Reimer — Karl J. Trübner — Veit & Comp.

Inhalt.

Seite

Einleitung 5

Kapitel I.

Der Gegenstand der Besteuerung.

A. Begründung und Fassung des Gesetzes (§ 1) 7
B. Das Aktivvermögen (§ 2) 12
  1. Die Bedeutung des Begriffs des „gesamten Gesellschaftsvermögens“ 13
  2. Ist eine einschränkende Auslegung möglich? (§ 3) 16
    a) Der Hinweis auf § 4 der Reichsabgabenordnung . . . 16
    b) Der strenge Standpunkt der Ausführungsbestimmungen 16
    c) Die Eigenart der Reichsnotopferbilanz 19
  3. Ergebnis (§ 4) 21
C. Die Passivseite (§ 5) 22

Kapitel II.

Die rechnerische Bewertung auf Grund der gesetzlichen Vorschriften und der Ausführungsbestimmungen.

A. Wer hat die Bewertung vorzunehmen? (§ 6) 24
B. Wie ist die Bewertung vorzunehmen? 26
  1. Allgemeines 26
    a) Die Tradition des Ergänzungssteuergesetzes (§ 7) . . 26
    b) Die Bewertungsmethoden (§ 8). (Bewertung durch Berechnung und Bewertung durch Schätzung) 29
  2. Anwendung der Bewertung durch Berechnung 30
    a) auf Grund unmittelbarer Rechnungsfaktoren, die
      α) zahlenmäßig feststehen (§ 9) 30
      β) zahlenmäßig feststellbar sind (§ 10) (gemeiner Wert und Ertragswert) 31
    b) auf Grund mittelbarer Rechnungsfaktoren (§ 11) . . . 37
      α) Einheiten und „Betriebsvermögen“ 37
      β) Einzelfragen für das Betriebsvermögen (§ 12) . . 51
C. Kann der Vorstand der Aktiengesellschaft diese Bewertung vornehmen? (§ 13) 63
D. Der Kompromißversuch der Ausführungsbestimmungen (§ 14) . 66

Kapitel III.

Die Bewertung durch Schätzung.

Seite

A. Die gesetzliche Grundlage des Schätzungsverfahrens (§ 15) . . 69
1. Der subsidiäre Charakter des Verfahrens 71
2. Schätzungsverfahren und Inzidentschätzung 71
3. Voraussetzungen des Schätzungsverfahrens 72
4. Verursachung der Mängel 74
5. Das Schätzungsverfahren als Billigkeitsverfahren 76
a) Der Billigkeitsgrundsatz 76
b) Die justizmäßige Ausgestaltung des Billigkeitsverfahrens 81
6. Das Recht auf das Schätzungsverfahren 88
7. Methoden 89

B. Die sinngemäße Anwendung des § 141 der Reichsabgabenordnung (§ 16) 89
1. Bei Aktien mit Agio 91
a) Die Bedeutung des Aktienkurses für das Grundkapital 92
b) Die Berücksichtigung des Ertragsmomentes 100
c) Ergebnis 110
2. Das Verfahren bei Aktien ohne Agio und der stets geltende Mindestsatz 112

C. Die Bedeutung des Pauschalverfahrens gemäß § 59 Reichsabgabenordnung (§ 17) 113

Schluß: Wie soll sich der Vorstand einer Aktiengesellschaft bei der Steuererklärung zum Reichsnotopfer verhalten? 116

Sachregister 125

Einleitung.

Diese Schrift soll einen Beitrag zur Lehre vom Schätzungsverfahren darstellen. Das Problem der stillen Reserven eingehend zu erörtern, kann nicht in der Absicht des Verfassers liegen. Denn er will zweierlei dartun:

1. (negativ), daß der Grundsatz der Bewertung durch Berechnung und damit auch die „Darlegung der für die Bewertung in Betracht kommenden Verhältnisse" bei den Aktienunternehmungen versagen muß;
2. (positiv), daß nur das Schätzungsverfahren zu einem gerechten Ergebnis führen kann.

Unter einem „gerechten Ergebnis" ist nicht etwa ein Ergebnis zu verstehen, das dem Steuerschuldner günstig ist, das seine Steuerschuld mildert, sondern ein Ergebnis, das auch das fiskalische Interesse, die Finanznot des Reiches, berücksichtigt. Wenn die vorliegende Schrift eine „Tendenz" verfolgt, so ist es die, den dem Reichsnotopfer unterworfenen juristischen Personen ein reichliches Opfern anzuempfehlen, ihnen insbesondere zu raten, das Gesamtvermögen und damit den Opferbetrag selbst „nach oben" abzurunden.

Viele dem Großaktienwesen nahestehende Personen leben zurzeit in einem kaum zur Sachlage passenden Steueroptimismus. Sie überschätzen den durch die Einfügung des § 139 Abs. 2 bei der 3. Lesung der Reichsabgabenordnung (Antrag Arnstadt und Gen. Drucksache Nr. 1602) erlangten Erfolg, weil sie die Bedeutung der Lehre von den „Einheiten" unterschätzen und übersehen, daß man unter Zuhilfenahme der immateriellen Werte als Aktiva und durch Ausdehnung der „Einheitslehre" auf Gegenstände des §139 Abs.2 RAbgO. das durch den Antrag Arnstadt Verlorene wieder einzuholen sucht. Ferner unterschätzt man die Bedeutung der Berichtigungen und Neuveranlagungen, welche § 56 RNotG. regelt.

Die Erörterungen stellen die Aktiengesellschaft als die wirtschaftlich bedeutendste Form[1]) der körperschaftlichen Erwerbsgesellschaften in den Mittelpunkt. Die im Zentralblatt für das Deutsche Reich vom 27. Mai 1920 veröffentlichten Ausführungsbestimmungen, welche die eigentliche Veranlassung für die vorliegende Schrift bilden, sind eingehend berücksichtigt[2]).

---

[1]) Anmerkung der Herausgeber. Demnächst werden in unsern „Steuerrechtlichen Einzelschriften" erscheinen: „Das neue Reichssteuerrecht und die Gewerkschaften des Bergrechts" von Rechtsanwalt Dr. Rudolf Isay und ferner „Das neue Reichssteuerrecht und die Genossenschaften" von Rechtsanwalt Dr. Dr. E. H. Meyer.

[2]) Während der Drucklegung dieser Schrift erschien die am 27. Mai 1920 an das Reichsfinanzministerium gerichtete Eingabe des Reichsverbandes der Deutschen Industrie betr.: „Die Bewertungsgrundsätze nach dem Gesetz über das Reichsnotopfer vom 31. Dezember 1919." Wir haben uns bemüht, diese ausgezeichnet abgefaßte Denkschrift nach Möglichkeit noch zu berücksichtigen; wir wollen aber schon an dieser Stelle hervorheben, daß wir in einem Punkt grundsätzlich anderer Ansicht sind als die Verfasser der Eingabe. Der § 139 Abs. 2 der RAbgO. verhindert die unmittelbare Bewertung der stillen Reserven, die dadurch entstehen daß der in der Bilanz ausgewiesene Anschaffungspreis (abzüglich angemessener Abnutzung) niedriger ist als der wirkliche Wert des dem Betrieb dauernd gewidmeten Gegenstandes. Diese Vorschrift gilt u. E. nicht für die Aktiengesellschaften, sondern nur für diejenigen Betriebsvermögen, die nicht unter § 17 des RNotG. fallen. Wie im § 1 der vorliegenden Schrift ausgeführt wird, hat das Gesetz im § 17 die Ausdrücke „Reinvermögen" bzw. „das gesamte Gesellschaftsvermögen" gewählt, weil es die Reserven in ihrer Totalität zur Besteuerungsgrundlage bei den unter § 17 RNotG. fallenden Erwerbsgesellschaften machen wollte. „Gegenstand der Besteuerung" und „Bewertungsvorschrift" sind zu unterscheiden. Die Bewertungsvorschrift des § 139 Abs. 2 RAbgO. paßt nicht für den § 17 RNotG. Es wäre auch falsch zu sagen, daß durch die Bewertungsvorschrift des § 139 Abs. 2 RAbgO. der § 17 RNotG. einen anderen Sinn erhalten habe. Denn § 17 RNotG. ist die einen speziellen Fall regelnde spätere Norm. Wir werden diesen unseren Standpunkt im nachstehenden mehrfach hervorzuheben haben.

Kapitel I.

Der Gegenstand der Besteuerung.

§ 1.

A. Begründung und Fassung des Gesetzes.

Nach § 17 RNotG. gilt als abgabepflichtiges Vermögen einer Aktiengesellschaft das gesamte bewegliche und unbewegliche Gesellschaftsvermögen, von dem abzuziehen sind

1. die Schulden und Lasten,
2. der Betrag des eingezahlten Grundkapitals,
3. die Rücklagen für ausschließlich gemeinnützige oder Wohlfahrtszwecke, deren Verwendung zu solchen Zwecken als gesichert anzusehen ist.

Ein in § 17 Abs. 1 Nr. 4 RNotG. für Versicherungsgesellschaften gestatteter besonderer Abzugsposten interessiert hier nicht.

Bei der Frage des Gegenstandes der Besteuerung ergibt sich eine Divergenz zwischen der Fassung des Gesetzes und dem nach seiner Begründung Gewollten.

a) In dem Entwurf des Reichsnotopfergesetzes (Drucksache Nr. 677) wurde zu § 17 (S. 33) ausgeführt:

„Während nach § 11 des Wehrbeitragsgesetzes die Aktiengesellschaften und die Kommanditgesellschaften auf Aktien ihre wirklichen Reservekontenbeträge außer den Fonds für Wohlfahrtszwecke, aber zuzüglich etwaiger Gewinnvorträge zu versteuern hatten und diese steuerbaren Vermögensteile ohne weiteres aus der Bilanz zu ersehen waren, sollen die Erwerbsgesellschaften mit juristischer Persönlichkeit, wie in der allgemeinen Begründung dargelegt ist, zur Vermögensabgabe ihr wirkliches Vermögen, d. h. alles, was über den Betrag des Grund- oder Stammkapitals hinaus eine Kapitalansammlung darzustellen bestimmt ist, versteuern. Daraus folgt, daß die kaufmännische Bilanz nicht mehr ohne weiteres maßgebend ist, weil in ihr die einzelnen Vermögensgegenstände zum Teil nach den von den Grundsätzen des Steuerrechts abweichenden Grundsätzen des Handelsrechts bewertet werden. So z. B. dürfen nach § 261 des Handelsgesetzbuches Wertpapiere, Waren und andere Vermögensgegenstände zu keinem höheren Preis als dem Anschaffungs- oder Herstellungspreis angesetzt werden, selbst wenn die Kurswerte oder die gemeinen Werte am Bilanztage höher sind. Für die Vermögensabgabe müssen dagegen die Werte am Bilanztage eingesetzt werden, d. h. für Wertpapiere mit Kurswert die Steuerkurse, für andere Wertpapiere die Steuerwerte und für die übrigen Vermögensgegenstände die gemeinen Werte. Abschreibungen sind selbstverständlich zulässig, jedoch nur insoweit, als sie eine angemessene Ausgleichung von Wertverringerungen darstellen. Dabei ist es gleichgültig, ob die einzelnen Vermögensgegenstände gleich in den Aktiven niedriger bewertet oder ob in den Passiven besondere Bewertungskonten gebildet werden. Würde ohne weiteres die Bilanz zugrunde gelegt, so würden Gesellschaften, die an sich das gleich hohe Vermögen besitzen, unter Umständen zu einer ganz verschieden hohen Vermögensabgabe herangezogen werden, die jeweils von der Art ihrer Bilanzierung, d. h. von der Frage, ob sie offene oder stille Reserven gebildet haben, abhinge. Durch die vorgesehene Regelung werden die offenen und stillen Reserven gleichmäßig herangezogen. Von dem vorstehend ermittelten Rohvermögen sind die juristischen Schulden, d. h. die Schulden im Sinne des § 15 abzuziehen. Daneben darf der Betrag des eingezahlten Grundkapitals, der nach § 261 Nr. 5 des Handelsgesetzbuches unter die Passiven aufzunehmen ist, aber eigentlich nur ein buchmäßiges, kein juristisches Passivum bildet, zur Milderung der durch die Heranziehung der Aktiengesellschaften und der Aktionäre an sich schon eintretenden Doppelbesteuerung abgesetzt werden."

Diese Ausführungen des Entwurfes heben klar hervor, was nach der Absicht des Gesetzgebers für die Notopferpflicht der Aktiengesellschaften die eigentliche Bemessungsgrundlage bilden sollte: die Summe der offenen und stillen Reserven.

b) Nach der Fassung des Gesetzes hätte die Aktiengesellschaft in ihrer Vermögenserklärung anzugeben

1. den Wert ihres Aktivvermögens,
2. den Gesamtwert ihrer Schulden und Lasten,
3. den Betrag des eingezahlten Grundkapitals,

und zwar alles dies grundsätzlich abgestellt auf den 31. Dezember 1919 (§ 22 RNotG.).

Im § 2 Abs. 2 Nr. 3 RNotG. wird bestimmt, daß die Abgabepflicht bei den Aktiengesellschaften das Reinvermögen nach Abzug des eingezahlten Grundkapitals umfaßt. Der Zusammenhang der §§ 2 und 17 ergibt daher: Reinvermögen der Aktiengesellschaft im Sinne des Reichsnotopfergesetzes ist das gesamte Aktivvermögen abzüglich der Schulden und Lasten (und des für Wohlfahrts- usw. Zwecke gesicherten Zweckvermögens).

Man sieht also, daß die Bemessungsgrundlage in den Motiven anders formuliert ist als in dem Gesetze selbst: in der Begründung als Summe der Reserven, im Gesetz als Reinvermögen (abzüglich des Grundkapitals etc.). Nach § 4 RAbgO. sind bei Auslegung der Steuergesetze ihr Zweck, ihre wirtschaftliche Bedeutung und die Entwicklung der Verhältnisse zu berücksichtigen. Zweck und wirtschaftliche Bedeutung gehen aus der Begründung klar hervor. Die §§ 2, 17 wollen den Gedanken der Motive formulieren. Daß dem Gesetzgeber die Fassung nicht ganz geglückt ist, hat sich bald gezeigt. Schon nach dem Erscheinen des Entwurfs warf Rosendorff (Die große Vermögensabgabe, Berlin 1919, S. 14), die später auch von Hochstetter und Fürnrohr (Zeitgemäße Steuerfragen S. 74 u. S. 78) erörterte Frage auf, ob der in der Bilanz einer Aktiengesellschaft per 31. Dezember 1919 ausgewiesene Reingewinn notopferpflichtig sei. Unter „Reingewinn" ist hierbei der zur Verteilung bestimmte Überschuß, der Dividendenbetrag sowie die Tantiemen und Gratifikationen zu verstehen[1]). Vom Standpunkte des Entwurfes aus mußte die Frage verneint

---

[1]) Hochstetter, der die Frage verneint, stützt sich ausschließlich auf Buchstabeninterpretation. Er hätte doch mindestens (S. 78 Sp. 1 Abs. 1) sich mit den in der Begründung zur Reichsabgabenordnung stehenden Sätzen (Drucks. 759 S. 112) auseinandersetzen müssen; „Gehören..(Schulden) zu einem wirtschaftlichen Betriebsvermögen, so können andere Grundsätze gelten, so werden z. B. bedingte Forderungen und Schulden im Handelsbetriebe in handelsüblicher Weise zu bewerten sein." Zutreffend führt er aus, daß nur der Dividendenbetrag als Abzug in Frage kommt. Fürnrohr (a. a. S. 79) berichtet über eine Ent-

werden. Denn der zur Ausschüttung an die Aktionäre bestimmte Reingewinn hat noch nie als Rücklage oder Reserve gegolten; wohl aber gehört der Reingewinn insbesondere vor der Genehmigung der Bilanz durch die Generalversammlung zum Vermögen der Gesellschaft. Dem Standpunkte des Entwurfes entsprach es, daß der Regierungsvertreter bei der Erörterung dieser Frage im Ausschuß (Bericht S. 12 der Drucksache Nr. 1611) erklärte, der am Schluß des Jahres sich ergebende „Gewinn" sei nicht steuerpflichtig, wohl aber der Gewinnvortrag. Der Regierungsvertreter sah eben nach dem wirtschaftlichen Zwecke der Bestimmung die Reserven als Bemessungsgrundlage an und nicht das „Reinvermögen" in der Fassung der §§ 2, 17. Den Reingewinn den Gesellschaftsschulden wirtschaftlich gleichzustellen, weil § 213 HGB. von dem Aktionäranspruch auf den Reingewinn spricht, mag naheliegen, aber vor der Genehmigung der Bilanz ist der Reingewinn ähnlich zu behandeln wie aufschiebend bedingte Lasten der Gesellschaft, und es könnte die Ansicht vertreten werden, daß diese Last nach § 149 RAbgO. unberücksichtigt zu bleiben hätte (wenngleich bei Eintritt der Bedingung, d. h. bei Genehmigung der Bilanz durch die Generalversammlung die Veranlagung aber auch nur auf Antrag zu berichtigen wäre, § 149 S. 2 RAbgO.; vgl. auch Anmerkung). Geht man für die Auslegung von § 4 RAbgO. aus, so kann die Entscheidung nicht zweifelhaft sein. Gewollt ist als Bemessungsgrundlage die Summe der Reserven; die §§ 2, 17 RNotG. sollen diese Gedanken formulieren. Dementsprechend sind die §§ 2, 17 nach ihrem wirtschaftlichen Zwecke einschränkend zu interpretieren und der **Reingewinn ist nicht als steuerpflichtig anzusehen.**

---

scheidung der bayrischen Oberberufungskommission, welche sich über die handelsübliche Auffassung des Bilanzgenehmigungsbeschlusses äußert, die sich auch mit der des Rechts deckt. Auch Fürnrohr beschränkt den Begriff „Reingewinn" auf die im Reingewinn enthaltenen Forderungsposten (Dividenden, Tantiemen, Gratifikationen).

Evers „Das Reichsnotopfer" bei Marcuse, Das neue Reichssteuerrecht 1920, Sack, Berlin, Bd. 1 S. 93 teilt die u. E. mit § 4 RAbgO. unvereinbare Ansicht Hochstetters. Aber noch hat der Reichsfinanzhof ja nicht gesprochen.

Dafür, daß der Gesetzgeber in der Frage der Bemessungsgrundlage seine eigentlichen Gedanken umschrieben hat, lassen sich verschiedene Gründe anführen.

1. Will man die Reserven eines Aktienunternehmens berechnen, so muß man in der Tat ein Inventar aufnehmen das das Aktivrohvermögen zeigt und von diesem Aktienvermögen hat man die juristischen Schulden sowie den Reingewinn, soweit er zur Verfügung der Aktionäre steht, abzuziehen. Das legte den Gedanken nahe, dieses Berechnungsmittel zum Gegenstande der Besteuerung zu machen.

2. Zu einer Umschreibung des von ihm Gewollten war der Gesetzgeber vielleicht auch aus folgenden Momenten gekommen Der Begriff der Reserven ist nur als relativer verwendbar, er hat nur Sinn innerhalb einer bestimmten Vermögensaufstellung, im Aktienrecht innerhalb der konkreten Bilanz einer bestimmten Gesellschaft. Im Wehrbeitragsgesetz hieß es im § 11: „Die Aktiengesellschaft sei beitragspflichtig mit den in der Bilanz des letzten Betriebsjahres aufgeführten wirklichen Reservekontenbeträgen zuzüglich etwaiger Gewinnvorträge, ohne Anrechnung der Fonds für Wohlfahrtszwecke.“ Die „Bilanz“ der Aktiengesellschaft sollte aber für das Reichsnotopfer rechtlich bedeutungslos gemacht werden. Einmal wollte man der vox populi Rechnung tragen, die sich in zahlreichen Generalversammlungen gegen die offizielle Bilanz wegen der Gewinnversteckung und der Reservenanhäufung gewandt hatte. Ferner war gerade wegen der Thesaurierungspolitik vieler Unternehmungen in der Praxis die sogenannte „Steuerbilanz“ eingeführt worden (vgl. Paul Marcuse in der Neuen Steuer-Rundschau Jahrg. 1 S. 6ff. sowie Rosendorff in seinen zahlreichen Schriften, insbesondere „Die Bilanz als Grundlage der Besteuerung“, Spaeth und Linde 1920). Die Unterscheidung zwischen der von der Generalversammlung genehmigten und der der Steuerbehörde genehmeren Bilanz hatte sich eingebürgert. Namentlich hatten die Kriegsabgabegesetze, wie Marcuse sagt, „die Notwendigkeit der Steuerbilanzen ergeben“; im ersten Bande der Entscheidungen des Reichsfinanzhofes S. 274 findet sich der Ausspruch: „Die grundsätzliche Frage

der Berechtigung der Steuerpflichtigen zur nachträglichen Berichtigung seiner Bilanz hat der Senat bereits mehrfach in bejahendem Sinne entschieden. Voraussetzung für die Berechtigung ist, daß der Steuerpflichtige nachweist, daß die frühere Bilanz den gesetzlichen Vorschriften nicht entsprochen habe." Der durch die Kriegsabgabegesetze bedingte Vergleich zwischen Kriegsgewinnjahren und Friedensgeschäftsjahren hatte daher vielfach zur Aufstellung von besonderen „Steuerbilanzen" geführt. Wie die oben wiedergegebene Stelle aus den Motiven zum Reichsnotopfergesetz zeigt, wollte sich der Gesetzgeber von der kaufmännischen Bilanz unabhängig machen, er wollte insbesondere auch die bilanzmäßig nicht nachweisbaren Aktivwerte erfassen, und deshalb vermied er es, den von der Geschäftsbilanz abhängigen Begriff der Reservekonten oder Reserven bei der Formulierung des Gegenstandes der Besteuerung zu verwerten.

Hiernach ergibt sich: Für die Aktiengesellschaft ist als Gegenstand der Besteuerung vom Gesetzgeber gewollt die Summe der Reserven und zu diesem Zwecke gewählt das Reinvermögen, d. h. das Aktivrohvermögen abzüglich der Schulden und Lasten mit der Maßgabe, daß der zur Ausschüttung bestimmte Reingewinn nicht zum Reinvermögen zählt[1]).

§ 2.

B. Das Aktivvermögen.

§ 17 Abs. 1 RNotG. bezeichnet als Aktivvermögen das gesamte „bewegliche und unbewegliche Gesellschaftsvermögen". Die Ausführungsbestimmungen haben diese Terminologie ver-

---

[1]) In der 126. Sitzung (Stenogr. Ber. S. 3956 B) unterscheidet der Abgeordnete Farwick scharf zwischen der Aktiengesellschaft und dem gewerblichen Betriebe des privaten Unternehmers. Für die Aktiengesellschaft sagt er: „Eine gutgehende Aktiengesellschaft z. B. wird — in dürren Worten gesagt — mit 10% ihrer Reserven — denn darauf läuft es hinaus — herangezogen."

Die Frage nach dem Gegenstand der Besteuerung (Totalität der Reserven) ist getrennt von der Frage der Wertermittlung zu behandeln. Eine Bewertungsvorschrift, die einzelne Reserven ausschaltet, paßt nicht zu § 17 RNotG.

feinert, indem sie von dem „beweglichen und unbeweglichen Rohvermögen" auf S. 682 in der Steuererklärung sprechen; anderseits nennen sie wieder auf S. 654 Sp. 4 dasselbe Rohvermögen „Reinvermögen" und das „Reinvermögen" Sp. 5 „Steuerpflichtiges Vermögen". Der Ausdruck „Rohvermögen" in der „Steuererklärung" wurde wohlgewählt, um zu verhüten, daß der Steuerschuldner irgendwelche Schulden und Lasten auf der Aktivseite berücksichtige. Aktiv- und Passivseite sollen scharf getrennt und in keiner Weise vermengt werden.

1. Die Bedeutung des Begriffs des „gesamten Gesellschaftsvermögens".

Es handelt sich zunächst um die Aufstellung eines Inventars. Die Aktiengesellschaft hat ihre sämtlichen Aktiva aufzuzeichnen, die Bewertungsfrage ist hiervon gesondert zu behandeln. Dies entspricht auch der kaufmännischen Praxis bei der Inventaraufnahme. Man notiert erst seine Bestände, fertigt also ein Sachverzeichnis an und setzt demnächst die Werte für die einzelnen Gegenstände ein. Man darf also an dieser Stelle nicht etwa schon mit den Wertermittlungsvorschriften der Reichsabgabenordnung kommen, z. B. mit dem Satz, daß es sich um eine wirtschaftliche „Einheit" handelt (§ 137 RAbgO.) oder daß die Weiterführung des Unternehmens gemäß § 139 RAbgO. vermutet wird. Alle diese Sätze der Reichsabgabenordnung gelten für die Bewertung, nicht aber für die Aufnahme des Rohvermögens.

Das „Gesellschaftsvermögen" im Sinne des § 17 ist „Betriebsvermögen" im Sinne des § 8 RNotG. Das Vermögen einer Aktiengesellschaft, also einer Erwerbsgesellschaft, ist allemal Betriebsvermögen. Im § 19 RNotG. heißt es: „Das Betriebsvermögen wird nach Abzug der Betriebsschulden be den nicht unter § 25 fallenden Abgabepflichtigen nur mit 80 vom Hundert seines Wertes angesetzt." Die Aktiengesellschaft gehört zu den nach § 25 Abgabepflichtigen. Daraus ist zu entnehmen, daß ihr Gesellschaftsvermögen rechtlich als Betriebsvermögen anzusehen ist, wenngleich der Bewertungsvorteil des § 19 ihr nicht zugute kommt. Gemäß § 8 RNotG. gehören zum Betriebsvermögen alle dem Unternehmer gewidmeten Gegenstände. Ob eine dauernde oder vorübergehende Widmung vorliegt, ist gleichgültig. Auch wird keinerlei Differenzierung hinsichtlich der Art der Gegenstände im § 8 vorgenommen. Die Wendung des „gesamten Gesellschaftsvermögens" im § 17 RNotG. macht eine Ausscheidung irgendwelcher Gegenstände erst recht unmöglich. Es gibt also hier nur „steuerbares Vermögen".

Die im § 11 RNotG. erwähnten „steuerfreien Fahrnisse" (vgl. Zimmermann-Mühe, Gesetz über das Reichsnotopfer, Stuttgart 1920 S. 133) sind nur im Rahmen des von dem Betriebsvermögen zu unterscheidenden Kapitalvermögens steuerfrei. Es heißt ausdrücklich § 11: „Als steuerbares Vermögen gelten nicht Hausrat und andere nicht unter § 9 fallende bewegliche körperliche Gegenstände, sofern sie nicht als Zubehör eines Grundstücks oder als Bestandteil eines Betriebsvermögens (§ 6 Nr. 2, § 8) anzusehen sind." Das bedeutet für das Inventar folgendes: Die gesamte Mobiliareinrichtung der Großbanken, der industriellen und kommerziellen Aktiengesellschaften gehört ins Inventar per 31. Dezember 1919. Teppiche, Tische, Beleuchtungsgegenstände, Wanddekorationen usw., sie sind sämtlich Bestandteile des Betriebsvermögens, das ja alle dem Unternehmen gewidmeten Gegenstände begreift (§ 8). Dazu treten dann noch die Bureauutensilien wie Schreibpulte, Schreibutensilien, Papiervorräte aller Art, Formulare; daß die Direktionsautomobile oder Fuhrwerke nicht minder dazu gehören, wie etwa die Büchereien, die Uniformen der Kassenboten und Portiers, bedarf keiner Ausführung. Alles dies ist in dem Inventar aufzunehmen, vorausgesetzt, daß man zur Aufstellung eines solchen Inventars das nötige Personal zur Verfügung hat. Schon hier zeigt es sich, was für eine Massenarbeit bewältigt werden müßte, wenn man das gesamte bewegliche Vermögen, das Betriebsvermögen ist, aufzeichnen wollte. Ausnahmen sind weder dem Gesetz noch den Ausführungsbestimmungen zu entnehmen. Selbst wenn eine Vollzugsanweisung des Reichsministers der Finanzen den ihm untergeordneten Finanzbehörden „weise Mäßigung" anempfehlen sollte, so wird dadurch die gesetzliche Bestimmung nicht geändert werden. Nach § 25

RAbgO. sind die bei den Finanzämtern mitwirkenden Ausschüsse wohl an die Ausführungsbestimmungen gebunden, nicht aber an Vollzugsanweisungen.

Schreitet man nun von dem Bureau eines größeren industriellen Unternehmens in die Fabrik, so wird die Aufgabe noch schwieriger. Da gibt es außer den auf Maschinenkonten verbuchten Maschinen und sonstigen Vorrichtungen noch eine Unzahl von kleinem Handwerkszeug, von Vorräten an Nebenmaterialien, die wohl vom Meister oder Betriebsleiter kontrolliert, nicht aber bilanzmäßig verarbeitet zu werden pflegen. Was tatsächlich vorhanden ist, gehört in das Reichsnotopferinventar. In chemischen Fabriken wird in den Laboratorien alles zu verzeichnen sein, was sich an Gläsern, Säuren usw. vorfindet. Die Brauereidirektoren dürfen nicht vergessen, die Lagerfässer in ihren Kellern aufzunehmen. Es könnte ihnen sonst vorgeworfen werden, daß sie Gegenstände der Steuer entziehen, die am 31. Dezember 1919 einen ungeheuren Holzwert aufwiesen, was sich bei der „Ausschlachtung“ stillgelegter Brauereien ja gerade im Spätherbst 1919 gezeigt hatte.

Da unsere Aktiengesellschaften zum größten Teil in den Jahren 1870 bis 1890 gegründet wurden, hat sich in fast allen Bureaus wie in den Betrieben eine große Menge von Inventarstücken angesammelt, deren Aufnahme seit vielen Jahren nicht mehr üblich ist. Das Reichsnotopfergesetz macht das „gesamte Gesellschaftsvermögen“ zum Gegenstand der Besteuerung, unterstreicht also noch die schon im Begriffe „Betriebsvermögen“ liegende Fülle.

Wir haben hier zwecks Vereinfachung der Darstellung eine Gruppe von Vermögensgegenständen, die das neue Steuerrecht zum Vermögen zählt, nicht erwähnt: die sogenannten „immateriellen Güter“ (Kundschaft, Firmenrecht usw.). Auf diese werden wir später zurückkommen.

Wir wollen aber an Vermögensteile erinnern, wie an das durch Mutung erworbene Bergwerkseigentum, weiter an die aus dem Betriebe entstandenen Patentrechte usw., also an eine Anzahl anderer Werte, deren bilanzmäßige Aufnahme bisher nicht gebräuchlich war.

§ 3.

2. Ist eine einschränkende Auslegung möglich?

a) Der Hinweis auf § 4 RAbgO.

Man wird diesen Ausführungen gegenüber vielleicht einwenden, daß der § 4 RAbgO. auch hier zur Anwendung gelange und daß nach dem wirtschaftlichen Zwecke des Reichsnotopfergesetzes eine derartige Genauigkeit des Vermögensverzeichnisses nicht geboten sei. Es heiße zwar im § 17 das gesamte Vermögen, gemeint sei aber nur das wirtschaftlich bedeutsame Vermögen. Selbst wenn man eine derartig einschränkende Auslegung annehmen wollte, würde man die Schwierigkeiten nicht beheben. Man denke z. B. an eine große bergbautreibende Aktiengesellschaft. Man wird in ihrer Bilanz ein „Schacht- und Grubenkonto" oder ein Sammelkonto „Grubenwerte" finden, das die Gesellschaft Dezennien hindurch geführt hat. Wenn der Gesellschaft gesagt wird, ihre buchmäßigen Aufzeichnungen genügen für die Reichsnotopfererklärung nur, wenn alle wirtschaftlichen bedeutsamen Vermögensobjekte in ihr enthalten seien, so kommt die Direktion auch in folgenden Konflikt. Der Kaufmann wird meinen, Objekte, die „längst abgeschrieben" sind, fielen nicht darunter; man wird ihm die Fassung des § 17 RNotG. entgegenhalten und den Direktor auf die persönlichen Steuerhaftungen aufmerksam machen. Läuft das Geschäftsjahr am 31. Dezember 1919 ab, so wird es jetzt im Juni 1920 zu spät sein, um auf Grund einer neuen Inventur die wirtschaftlich bedeutsamen Objekte per 31. Dezember 1919 festzustellen.

b) Der strenge Standpunkt der Ausführungsbestimmungen.

Dazu kommt, daß es weder in der Absicht des Gesetzgebers noch im Sinne der Ausführungsbestimmungen liegt, dem freien Ermessen des Steuerschuldners einen großen Spielraum zu lassen. Das Muster der Steuererklärung, welches für Aktiengesellschaften gilt, weist unter B (Darlegung der für die Bewertung in Betracht kommenden Verhältnisse) folgende Fragen auf (Ausführungsbestimmungen S. 683, 684):

1. (IV) „Sind in den letzten 3 Wirtschafts- oder Rechnungsjahren vor dem für die Veranlagung der Firma zum Reichsnotopfer in Frage kommenden Stichtag Ausgaben für Anlagen (einschließlich der Bauten) oder Anschaffungen von Maschinen, Einrichtungsgegenständen, Wertpapieren oder dergleichen als Unkosten oder Verluste gebucht worden, ohne daß dafür unter den Aktiven ein Ausgleichsposten aufgenommen wurde und zwar wann, wo und in welcher Höhe?"

Es gibt keine bedeutende Aktiengesellschaft, die diese Frage nicht zu bejahen hätte; es gibt aber auch keine bedeutende Aktiengesellschaft, die diese Frage materiell beantworten könnte. „In den letzten drei Wirtschaftsjahren." Das bedeutet für industrielle Unternehmungen: das Jahr 1917 mit dem Hindenburgprogramm, das Jahr 1918 mit seinen Offensiven bis in den Herbst und mit den Demobilmachungsarbeiten in dem letzten Teil des Jahres, das Jahr 1919 mit seinen Unruhen und mit der Umstellung der Betriebe auf die Friedenswirtschaft. In diesen letzten drei Jahren mußten unzählige Arbeiten für Anlagen einschließlich der Bauten, unzählige Anschaffungen von Maschinen, Einrichtungsgegenständen und dergleichen als Unkosten und Verluste gebucht werden, ohne daß dafür unter den Aktiven ein Ausgleichsposten aufgenommen wurde. Bei Wertpapieren hat eine solche Übung schwerlich bestanden. Der Zweck der Frage ist doch offensichtlich der, diese als Unkosten abgebuchten Anschaffungen als Aktiva neu in die Erscheinung treten zu lassen, um im Einzelfalle zu entscheiden, ob die bilanzmäßig verschwundenen Objekte steuerlich als Teile des Betriebsvermögens noch zu berücksichtigen seien. „Wann, wofür und in welcher Höhe?", wird gefragt. Das wußte vielleicht im Jahre 1917 der Leiter eines Teilbetriebs; das weiß heute vielleicht niemand mehr; auch in den mittleren Betrieben wird diese Frage unbeantwortet bleiben müssen. Die Telephonfabrik, die im Kriege Zünder herstellte, hat sich wahrscheinlich einmal ein Kellergewölbe bauen lassen, um dort Sprengstoffe einzulagern. Das sind Ausgaben für Bauten gewesen. Nun wird gefragt: „Wann, wofür und in welcher Höhe?“ Das Kellergewölbe ist ja noch da; es war ja auch eine Instandsetzungsarbeit, ein neues Aktivum wurde geschaffen, und verschwand sofort bilanzmäßig, weil die Mittel für den Bau aus dem „Betriebe“, d. h. über Betriebsunkosten gingen. Auch nach Anschaffungen von „Einrichtungsgegenständen“ wird gefragt. Gewiß sind Schreibmaschinen, vielleicht auch Automobile, vielleicht auch Wagen und Pferde gekauft worden. Wenn die Gesellschaft einigermaßen respektabel war, sind solche Anschaffungen schwerlich unter den Aktiven eingesetzt worden. Die Schreibmaschinen sind wohl auch noch da, ebenso wie die neue Bureaueinrichtung. Bezüglich des Müheaufwands kommt es auf dasselbe hinaus, ob die Aktiengesellschaft die Frage B IV beantwortet oder ob sie ein Verzeichnis der nämlichen Gegenstände unter A anfertigt, und gerade an dem Müheaufwand scheitert dieses fiskalische Unternehmen. Man betrachte ferner folgende Fragen der Ausführungsbestimmungen:

„2. (IIIb) Sind in die Bilanzen Aktivposten nicht aufgenommen worden, und zwar welche, mit welchem Werte und in welcher Bilanz? (vgl. auch die Fragen IV und VIII).

3. (VI) Welche Beträge sind in dem letzten Jahre abgeschrieben auf

c) Gegenstände des Gebrauchs,

e) sonstiges Betriebsvermögen, und zwar welches?“

Alle diese Fragen verfolgen den nämlichen Zweck: sie wollen die Ausschaltung von Aktiven verhindern. Man könnte vielleicht der Frage IV (Anschaffungen in den letzten 3 Wirtschaftsjahren) entnehmen, daß nur die Bauten der 3 letzten Wirtschaftsjahre unter die Aktiven aufzunehmen seien; aber die Frage IIIb nach den fehlenden Aktivposten in den Bilanzen steht vor der Frage IV, und es scheint beinahe, als ob die Frage IV nur den Zweck habe, die Zuverlässigkeit der Antwort auf die Frage III nachzuprüfen. Der grundsätzliche Standpunkt der Ausführungsbestimmungen rechtfertigt aber keinerlei einschränkende Auslegung des Begriffes „Das gesamte Vermögen“.

c) Die Eigenart der Reichsnotopferbilanz.

Um die aus § 4 RAbgO. geschöpfte Einwendung voll zu würdigen, wird es nötig, sich die für die Steuerbilanz geltenden Vorschriften der Reichsabgabenordnung zu vergegenwärtigen. Im § 174 RAbgO. heißt es:

„Steuerpflichtige, die Handelsbücher im Sinne des Handelsgesetzbuchs führen, haben auf Verlangen eine Abschrift ihrer unverkürzten Bilanzen mit Erläuterungen einzureichen....

Aus der Bilanz oder den Erläuterungen soll klar hervorgehen, wie Gegenstände des Gebrauchs und Lagerbestände bewertet und welche Beträge darauf und auf zweifelhafte und uneinbringliche Forderungen oder sonst abgeschrieben worden sind.

Wenn Ausgaben für Anlagen als Unkosten gebucht sind, ist der Betrag in den Erläuterungen anzugeben."

In den Motiven zur Reichsabgabenordnung (Drucksache Nr. 759 S. 115) ist zu lesen:

„Kaufleute sollen ferner nach § 174 verpflichtet sein, auf Verlangen Abschriften ihrer ungekürzten Bilanzen, sowie, wenn sie solche aufstellen, ihrer Gewinn- und Verlustrechnungen einzureichen. Sie sollen Erläuterungen beifügen, aus denen klar hervorgehen muß, nach welchen Grundsätzen sie Gebrauchsgegenstände und Lagerbestände bewertet und wieviel sie hierauf und sonst abgeschrieben haben. Wegen der Art der Bewertung und des Umfanges der Abschreibungen werden keine Vorschriften gegeben, verlangt wird aber, daß klargelegt wird, was abgeschrieben ist, damit das Finanzamt prüfen kann, ob die Abschreibung die Grenzen überschreitet, die steuerrechtlich auch bei weitgehender Berücksichtigung des subjektiven Ermessens des Steuerpflichtigen eingehalten werden müssen. Es ist Sache der Steuerpflichtigen, die nötigen Unterlagen zu dieser Prüfung in vollster Offenheit beizubringen. Bei unrichtigen oder verschleiernden Angaben haben sie Strafverfolgung wegen Steuerhinterziehung oder Steuergefährdung zu gewärtigen. Dem Kaufmann soll und kann nicht verwehrt werden, Abschreibungen über das nötige Maß hinaus zu machen, um die Grundlagen seines Geschäfts zu stärken und zu sichern, *soweit es sich hierbei aber um steuerpflichtige Abschreibungen handelt, müssen die Steuern entsprechend entrichtet werden.* Abs. 3 und 4 des § 174 enthalten selbstverständliche Vorschriften, gegen die aber dennoch sehr oft verstoßen wird. Auch hier soll es nicht verboten sein, Ausgaben für Anlagen als Unkosten zu buchen; dies soll aber angegeben werden, damit die Steuer entsprechend festgesetzt werden kann."

Sowohl aus der Fassung des § 174 RAbgO. wie aus den Erläuterungen der Motive ergibt sich als klare Absicht des Gesetzgebers, für die Besteuerung nach Möglichkeit die Einsetzung aller Aktiva zu erzwingen. Die Steuern sollen so erhoben werden, wie sie sich — abgesehen von Ausnahmefällen — bei einer Aktivverbuchung ergeben hätten. Dabei ist — was für das Argument a minori ad majus wichtig ist — folgendes zu beachten:

Der Normalfall der aktienrechtlichen Bilanz und auch der Steuerbilanz im Sinne des § 174 RAbgO. ist die jährliche Abschlußbilanz, die Ertragsbilanz, die den Ertrag eines wirtschaftlich tätigen Unternehmens bei der Aktiengesellschaft nach § 261 Z. 6 HGB. den aus der Vergleichung sämtlicher Aktiva und Passiva sich ergebenden Gewinn (und Verlust) auszuweisen hat. Auch der nach § 9 des Körperschaftssteuergesetzes für die Aktiengesellschaften anwendbare § 33 des Einkommensteuergesetzes vom 29. März 1920 hat diese Ertragsbilanz im Sinne. Schon bei der Betriebsbilanz, auf die sich § 174 RAbgO. vornehmlich bezieht, was namentlich aus seiner Begründung hervorgeht, sollen die „Ausgaben für Anlagen" bezüglich der Frage nachgeprüft werden, ob eine aktive Verbuchung geboten gewesen wäre. Um so mehr bei der Reichsnotopferbilanz, denn die Bilanz für das Reichsnotopfer ist eine außergewöhnliche Bilanz, die für eine Vermögenssteuer, nicht aber für eine Einkommensteuer zu verwenden ist. Das kommt im § 17 RNotG. ganz klar zum Ausdruck, ebenso wie auf der anderen Seite § 9 KörperschG. in Verbindung mit § 33 EinkStG. vom 29. März 1920 mit aller Deutlichkeit den Geschäftsgewinn zur Bemessungsgrundlage machen. Passow (Die Bilanzen der größten Unternehmungen, Leipzig 1910 S. 11) meint, man dürfe nicht, wie das vielfach geschehe, die Bilanzen einteilen in Vermögens- und Gewinn- (oder Gewinnermittlungs-, Gewinnverteilungs-) bilanzen, denn jede Bilanz, auch die, die hauptsächlich zum Zwecke der Gewinnermittlung aufgestellt werde, sei eine Vermögensbilanz. „Die umfangreiche Polemik über diesen Punkt, in der juristischen Literatur," heißt es bei Passow, „ist im wesentlichen nur ein Streit um Worte.“ Daß Passow — den auch Herman und Rudolf Isay, Allg. Berggesetz, Bd. 1 S. 665, Leipzig 1919, bekämpfen — die Unterscheidung zwischen Vermögens- und Ertragsbilanz zu Unrecht ablehnt, zeigt gerade der § 17 RNotG. Ist es der Zweck einer Bilanz, das gesamte bewegliche und unbewegliche Gesellschaftsvermögen an einem bestimmten Stichtage auszuweisen und erhält der Posten Reingewinn nur eine nebensächliche Bedeutung, so unterscheidet sich diese Bilanz als Vermögensbilanz wegen der Besonderheit ihres Zwecks wesentlich von der Ertragsbilanz[1]).

Will man also den § 4 RAbgO. anwenden, so muß man den besonderen Zweck der Reichsnotopferbilanz berücksichtigen. Das führt aber bei dem Aktivvermögen im Sinne des § 17 RNotG. immer zu der Forderung, die Aktiva inventarmäßig vollständig einzusetzen; denn anders läßt sich das „gesamte bewegliche und unbewegliche Vermögen“ nicht zur Bemessungsgrundlage machen.

§ 4.

3. Ergebnis.

Wir kommen hiernach zu folgendem Ergebnis: Weder der Text des Gesetzes (das „gesamte Gesellschaftsvermögen“) noch der Zweck der Notopferbilanz (reine Vermögensbilanz) noch die Fassung der Ausführungsbestimmungen ermöglichen eine einschränkende Auslegung des Begriffs Aktivvermögen oder Rohvermögen. Das Aktivvermögen der Aktiengesellschaft ist der gesamte Sachgütervorrat, den die Aktiengesellschaft als ihr gehörig besitzt (vgl. § 80 Abs. 1 S. 1 RAbgO.).

Die Einzelbestandteile des Gesamtgesellschaftsvermögens hier aufzuführen, liegt außerhalb des Zweckes dieser Schrift. In den großen Werken von Fuisting und von Strutz sind die

---

[1]) Über den Unterschied zwischen Vermögensbilanzen und Ertragsbilanzen vgl. in den Zeitgemäßen Steuerfragen: Lion S. 20 S. 34, ferner Rosendorff S. 71.

Gesichtspunkte angegeben, nach denen das steuerbare Vermögen zu gliedern ist. Uns genügt es, darauf aufmerksam zu machen, welche ungeheure Aufgabe das Gesetz den Aktiengesellschaften und damit auch den Steuerbehörden mit dem Verlangen aufgebürdet hat, daß die Reichsnotopfererklärung das gesamte bewegliche und unbewegliche Vermögen aufzuführen hat.

C. Die Passivseite.

§ 5.

1. Die Reserven.

Von dem gesamten beweglichen und unbeweglichen Rohvermögen sind die „Schulden und Lasten" abzuziehen. Der § 17 RNotG. verweist auf § 15 desselben Gesetzes. Damit soll wieder zum Ausdruck gebracht werden, daß die bilanzmäßige Aufmachung der Passivseite der Geschäftsbilanz für die Notopfersteuerbilanz unerheblich ist. Für die Notopfersteuerbilanz werden nur die juristischen Schulden, nicht die bilanzmäßigen berücksichtigt. Vergegenwärtigt man sich, daß die eigentliche Bemessungsgrundlage für die Aktiengesellschaft die Summe der Reserven darstellt, so erscheint einem diese gesetzliche Regelung selbstverständlich. Deshalb ist auch die in den Ausführungsbestimmungen Vc aufgeworfene Frage durchaus berechtigt: „Sind in der auf den Stichtag abgestellten Bilanz in den Kreditorenkonten irgendwelche Rücklagen, z. B. fiktive Gläubigerposten, nicht verteilte Gewinne, Reserve-, Delkredere- usw. Konten enthalten und in welchem Betrage?" Die Wörtlein „usw." sind wohlweislich eingefügt. Was hier gemeint ist, wird den Leitern einer Aktiengesellschaft klar sein. Sie haben zunächst einmal alles aus der Passivseite auszuschalten, was nicht als Schulden im juristischen Sinne, sondern als Rücklage oder Reserven anzusehen ist. Erhebliche Schwierigkeiten wird nur die Frage bereiten, was unter „nicht verrechnetem Gewinn" zu verstehen ist[1] [2]).

[1]) Die Eingabe des Reichsverbandes der Deutschen Industrie vom 27. Mai 1920 (vgl. S. 6 Anm. 2) äußert sich zu der Frage der „nicht verteilten Gewinne" nicht ausdrücklich; der Stand-

2. Die Schulden und Lasten.

Allgemeine Ausführungen über den Begriff der Schulden und Lasten sind hier nicht zu machen. Zu erwähnen sind zwei unter B V der Ausführungsbestimmungen formulierte Fragen (Zentralblatt aaO. S. 685):

„Sind in der auf den Stichtag abgestellten Bilanz

a) unter den Passiven Verpflichtungen aus Bürgschaften oder Gefälligkeitsakzepte enthalten und zwar in welcher Höhe? Bejahendenfalls: Welcher Betrag ist unter den Aktiven als Wert der Rückgriffsrechte berücksichtigt worden?

b) unter den Passiven Sicherungshypothekenschulden enthalten und zwar in welcher Höhe? Bejahendenfalls: Wie hoch waren die den Sicherungshypotheken zugrunde liegenden Schulden am Stichtage?"

Beide Fragen wollen verhindern, daß die Schulden anders als „juristisch" behandelt werden. Die Frage Va entspricht dem § 174 Abs. 3 RAbgO.

3. Die sonstigen Abzüge gemäß § 17.

Der Abzug des eingezahlten Grundkapitals ist in der angeführten Stelle der Motive ausführlich begründet. Daß das Grundkapital zwar bilanzmäßig einen Passivposten, niemals aber eine Schuld der Aktiengesellschaft darstellt, ist in der Bilanzliteratur (vgl. Veit Simon „Die Bilanzen usw.", Berlin 1899, bei Guttentag S. 119ff.) oft genug dargelegt worden. Die Vorschrift des § 17 Abs. 1 Nr. 2, der zufolge die Rücklagen

---

punkt ist dem dort aufgestellten ersten Leitsatz von der „grundsätzlichen Maßgeblichkeit der Bilanzgrundsätze" zu entnehmen. Ist die Verrechnung nicht handelsüblich, z. B. weil ein Stichtag für die Abrechnung im Konsortium festgesetzt ist, der nach dem Bilanztag liegt, so braucht sie auch nicht vorgenommen zu werden (hierzu vgl. Anm. zu S. 9 und Motive zur RAbgO. Drucksache Nr. 759 S. 112, wo auf die handelsübliche Bewertung verwiesen wird).

[2]) Bezüglich der Literatur über das Reservenproblem als solches vgl. Rosendorff 1917 und 1919 (bei Vahlen), Hauptsteuerfragen in Heft 7 der Zeitgemäßen Steuerfragen (1919), Die große Vermögensabgabe (1919 bei Späth und Linde), Schachian, Die Besteuerung des Vermögenszuwachses (1920 bei Vahlen), insbesondere sind Schachians Ausführungen S. 196 für unsere Gedankengänge wertvoll.

für ausschließlich gemeinnützige oder Wohlfahrtszwecke, deren Verwendung zu solchen Zwecken als gesichert anzusehen ist, abzuziehen sind, ist von dem Gedanken beherrscht, daß nur ein derartig gesichertes Wohlfahrtszweckvermögen als Schuld der Gesellschaft anzusehen ist. Die Aktiengesellschaft schuldet den bilanzmäßig ausgewiesenen Passivposten dem Zweckvermögen. Wann der Zweck als gesichert anzusehen ist, braucht hier nicht erörtert zu werden.

4. Der Abzug des Reingewinns.

Hierüber sind die Ausführungen in diesem Paragraphen zu I A b zu vergleichen.

Es wird auch bei der Passivseite manche Zweifelsfrage auftauchen. Aber es handelt sich schwerlich um unlösbare Anforderungen, die an die Direktion gestellt werden. Die Leiter einer Aktiengesellschaft pflegen die Passivseite besser zu kennen als das Aktivvermögen. Wir werden uns auch bei den nun folgenden Ausführungen über die Bewertung zumeist auf die mit dem Aktivvermögen zusammenhängenden Fragen beschränken[1].

Kapitel II.

Die rechnerische Bewertung auf Grund der gesetzlichen Vorschriften und der Ausführungsbestimmungen.

§ 6.

A. Wer hat die Bewertung vorzunehmen?

Nach § 260 Abs. 2 HGB. hat der Vorstand der Aktiengesellschaft die Pflicht, der Generalversammlung eine Bilanz vorzulegen. Der § 174 RAbgO. statuiert für Steuerpflichtige,

[1]) Vgl. Dr. Osbahr im „Hamburger Korrespondenten" vom 28. Januar 1920 über Reserven, Bewertungsposten und Antizipationen. Er unterscheidet „aktive Antizipationen" (worunter er wirkliche Vorausleistungen wie Lohnvorschüsse — für Versuche, die erst im nächsten Jahre der Fabrikation dienen sollen, vorausbezahlte Steuern,

die Handelsbücher im Sinne des Handelsgesetzbuches führen, — und zu diesen gehört die Aktiengesellschaft — die Pflicht, auf Verlangen, eine Abschrift ihrer unverkürzten Bilanzen mit Erläuterungen einzureichen. In der so entstehenden Geschäftsbilanz ist immer eine „Bewertung" vorgenommen worden, da die Einstellung eines Gegenstandes in eine Bilanz immer mit einer Werteinsetzung verbunden ist. Auch die Vorschriften der §§ 40 und 261 HGB. führen stets dazu, in der Bilanz für das Vermögensobjekt eine Ziffer einzusetzen, die in Verbindung mit der geltenden Währung einen Bewertungszweck erfüllt.

Nach § 28 RNotG. hat aber der Abgabepflichtige die Steuererklärung abzugeben, und nach § 18 der Ausführungsbestimmungen ist die Steuererklärung der Aktiengesellschaften nach Muster 9 zu gestalten. Die in dem Muster 9 unter A enthaltene Vermögenserklärung beginnt mit den Worten: „Am 31. Dezember 1919 hat das bewegliche und unbewegliche Rohvermögen (Aktivvermögen) der vorseitig genannten Firma nach der in Abschrift beiliegenden Bilanz einen Wert gehabt von ...... M." Das Muster 9 verlangt von der Aktiengesellschaft die Beifügung einer „Bilanz" und damit die Einsetzung der Werte. Der Vorstand der Aktiengesellschaft kann sich also nicht etwa auf den Standpunkt stellen, dem Finanzamt an Stelle der durch die Ausführungsbestimmungen vorgesehenen Steuererklärung ein Inventarverzeichnis einzureichen und der Steuerbehörde anheimzustellen, nunmehr ihrerseits die Bewertung vorzunehmen. Verfährt er derart, so verletzt er schuldhaft Verpflichtungen, die ihm durch die Steuergesetze auferlegt sind und setzt sich dem peinlichen Verfahren aus, das im § 210 Abs. 3 RAbgO. für Steuerpflichtige, die schuldhaft ihre Verpflichtungen nicht erfüllen, geregelt ist.

Daß dem Steuerpflichtigen, also hier der Aktiengesellschaft, nach dem Reichsnotopfergesetz die Erklärungspflicht

---

versteht) und „passive Antizipationen", die rechtlich schuldige Gegenleistungen für bereits empfangene wirtschaftliche Leistungen sind. Er behandelt insbesondere die auf dem Selbstversicherungskonto ersparten Prämienbeträge, die er grundsätzlich als Berichtigungsposten gegenüber verteilbaren Gewinnen ansieht.

obliegt, ergibt sich ferner daraus, daß das Gesetz — im Gegensatz zur Reichsabgabenordnung — das „Beanstandungsverfahren" wieder aufgenommen hat. In § 29 RNotG. heißt es:

„Trägt das Finanzamt Bedenken gegen die Richtigkeit der Steuererklärung, so hat es den Abgabepflichtigen unter Mitteilung der Bedenken aufzufordern, sich binnen einer bestimmten Frist zu äußern.

Nur wenn der Abgabepflichtige dieser Aufforderung nicht nachkommt oder die Bedenken nicht zu beseitigen vermag, darf bei der Feststellung des Vermögens von den Angaben in der Steuererklärung abgewichen werden."

Diesem Entgegenkommen des Gesetzes entspricht die volle Fatierungspflicht, die sowohl die Sach- wie die Werterklärung in sich schließt. Zudem ordnet § 168 Abs. 2 RAbgO. die Ausfüllung von Vordrucken bezüglich aller Fragen an.

Die Vornahme der Bewertung ist also Aufgabe des Vorstandes der Aktiengesellschaft[1]).

B. Wie ist die Bewertung vorzunehmen?

1. Allgemeines.

a) Die Tradition des Ergänzungssteuergesetzes.

§ 7.

Das gesamte bewegliche und unbewegliche Vermögen ist zu bewerten. Wie hat dies zu geschehen? Wir handeln hier

---

[1]) Görres (JW. 1920 S. 508 Anm. zu 2) behandelt die Frage, ob die Steuererklärung „Wissens- oder Willenserklärung", „Aussage" oder „öffentlich-rechtliches Geschäft" sei. Wir sind der Ansicht, daß man für die Entscheidung davon auszugehen hat, daß dem Steuerpflichtigen ein publizistisches Recht auf Mitwirkung zusteht (vgl. S. 86 dieser Schrift) und halten deshalb ein öffentlich-rechtliches Geschäft für vorliegend. Auch halten wir die allgemeinen Grundsätze über Rechtsgeschäfte (Irrtumsanfechtung usw.) nicht für anwendbar. Dies folgt aus dem § 204 S. 2 RAbgO. („Pflicht der Finanzbehörde, Angaben des Steuerpflichtigen auch zugunsten des Steuerpflichtigen zu prüfen").

von der Bewertung auf Grund gesetzlicher Vorschriften; als solche Vorschriften kommen zur Anwendung: 1. die Reichsabgabenordnung, 2. das Reichsnotopfergesetz selbst, 3. das Gesetz über die Veranlagung der Besitzsteuer zum 31. Dezember 1919, 4. das Ausgleichsbesteuerungsgesetz vom 12. Juni 1920. Die Bewertungsvorschriften der Reichsabgabenordnung enthalten die allgemeinen Regelungen, während den unter 2—4 aufgeführten Bestimmungen Sondernormen für das Reichsnotopfergesetz selbst zu entnehmen sind. Wir wollen uns hier über die Bewertungsmethoden, die sich aus der Gesamtheit der Vorschriften ergeben, Rechenschaft ablegen. Vorweg sei bemerkt, daß man die „Neuheit“ der neuen Vorschriften, insbesondere der allgemeinen in der Reichsabgabenordnung enthaltenen nicht überschätzen darf. Zum Lobe des Verfassers der Reichsabgabenordnung, des Reichsfinanzrats Becker, sei festgestellt, daß er Rechtskontinuität walten lassen wollte, daß er aus Sätzen, die sich in der Entwicklung des Steuerrechts als Rechtsbrauch gebildet hatten, geschöpft und versucht hat, unter Berücksichtigung des in der Entwicklung begründeten Wandels der Anschauungen und Verhältnisse das Recht zu gestalten. Schon bei der Entstehung des Wehrbeitragsgesetzes (vom 3. Juli 1917) stellte der Kommissionsberichterstatter ohne Widerspruch fest, daß „die Praxis, wie sich in Preußen bei Anwendung des Ergänzungssteuergesetzes durch die Entscheidungen des Oberverwaltungsgerichts und durch die Ministerialentscheidungen herausgebildet hatte, auch für die Anwendung des Wehrbeitragsgesetzes maßgebend sein sollte“ (KommBer. Nr. 1083 der Drucksachen des Reichstags 1912/13 S. 31; vgl. auch Hoffmann, Kommentar zum Wehrbeitragsgesetz, Berlin 1913 S. 3). Wehrbeitrags- und Besitzsteuergesetz beruhen in ihren Grundgedanken auf dem preußischen Ergänzungssteuergesetz; auf dem Besitzsteuergesetz bauten sich die Kriegssteuergesetze, insbesondere die Gesetze vom 21. Juni 1916 und vom 10. September 1919 auf, soweit in ihnen das „Vermögen“ Rechtstatsache des Steuerrechts ist. In der Entwicklung selbst war es daher begründet, daß auch die Reichsabgabenordnung unter Benutzung der in der Zwischenzeit gesammelten Erfahrungen wieder zum preußischen Ergänzungssteuergesetz zurückkehrt, wie es sich durch die Praxis des Oberverwaltungsgerichts und durch die Lehren seiner Mitglieder, von denen wir insbesondere Fuisting, Strutz und Mrozek nennen, entwickelt hatte. Wer den Fuistingschen Kommentar zum Ergänzungssteuergesetze (2. Aufl. Berlin 1905) und aus den Entscheidungen des preußischen Oberverwaltungsgerichts den V. und VI. Band zur Hand nimmt, muß den Zusammenhang zwischen den Bewertungsvorschriften der Reichsabgabenordnung und dem Rechtsbrauch des Ergänzungssteuergesetzes erkennen. Man nehme z. B. im VI. Band (Entsch. d. preuß. OVG. in Staatssteuersachen S. 43) den aus einer Entscheidung des Reichs-Oberhandelsgerichts vom 3. Dezember 1873 (Entsch. ROH. 12 S. 16) vom OVG. für die Auslegung des § 9 ErgStG. übernommenen Satz: „Der Bilanz liegt hiernach in der Tat die Idee einer fingierten augenblicklichen allgemeinen Realisierung sämtlicher Aktiva und Passiva zugrunde, wobei jedoch davon ausgegangen werden muß, daß in Wirklichkeit nicht die Liquidation des Geschäfts, sondern dessen Fortbestand beabsichtigt und daß daher bei der Ermittelung und Feststellung der einzelnen Werte derjenige Einfluß unberücksichtigt zu lassen ist, welchen eine Liquidation auf dieselben ausüben würde." Hiermit vergleiche man den § 139 Abs. 1 RAbgO.: „Bei der Bewertung von Vermögen, das einem Unternehmen gewidmet ist, wird in der Regel von der Voraussetzung ausgegangen, daß das Unternehmen bei der Veräußerung nicht aufgelöst, sondern weitergeführt wird." Dieser Satz der Reichsabgabenordnung ist also ein Ergebnis der Lehre, die zunächst vom Reichs-Oberhandelsgericht verkündet und dann vom Reichsgericht (vgl. die Zitate in der angef. Entsch. des OVG.) und vom preußischen Oberverwaltungsgericht fortgebildet wurde. Den gleichen Zusammenhang findet man bei der Lehre vom gemeinen Wert (§ 137 Abs. 1), ferner auch bei den von der „wirtschaftlichen Einheit" handelnden Sätzen der Reichsabgabenordnung (vgl. Fuisting aaO. zu § 9, insbes. Anm. 3: „Bewertungseinheiten").

b) Die Bewertungsmethoden.

§ 8

Im Hinblick auf diesen Zusammenhang wollen wir uns bei der Erörterung der Bewertungsmethoden einer Einteilung bedienen, die wir den erwähnten Quellen entnehmen zu können glauben. Die Materie läßt sich folgendermaßen gliedern:

1. Gruppe: Bewertung durch **Berechnung.**

a) Bewertung auf Grund **unmittelbarer** Rechnungsfaktoren, die

α) zahlenmäßig feststehen,

β) zahlenmäßig feststellbar sind.

b) Bewertung auf Grund **mittelbarer** Rechnungsfaktoren.

2. Gruppe: Subsidiäre Bewertung durch **Schätzung**[1]).

Zwischen „Berechnung“ und „Schätzung“ unterschied § 9 ErgStG. „Berechnung“ ist die „Anwendung gegebener Zahlenverhältnisse“ (vgl. Fuisting-Strutz, EinkStG. I, 1915 S. 414), „Schätzung“ dagegen ist ein steuerrechtliches Verfahren zwecks Wertfindung, das nur dann Platz greift, wenn rechnerische Grundlagen fehlen oder für eine Feststellung ungenügend sind, und das die so fehlenden Besteuerungsgrundlagen durch Wahrscheinlichkeitszahlen ersetzt, die „nach bestem Wissen und Gewissen“ durch die Veranlagungsbehörden aufzustellen sind (vgl. Fuisting-Strutz aaO. S. 415, RAbgO. § 210, ferner Mrozek, EinkStG. 1914 S. 574ff.; vgl. auch Haußmann „Der Rechtsgrundsatz der Gleichmäßigkeit“, Berlin 1917 S. 80ff. und die dort Angeführten). „Schätzung“ in diesem Sinne ist ein „positivrechtlicher Notbehelf“ (vgl. Haußmann aaO. S. 81) auf Grund einer steuerrechtlichen

---

[1]) Schon hier sei bemerkt, daß das Schätzungsverfahren grundsätzlich ein Billigkeitsverfahren ist (vgl. unten S. 78), das auch von § 204 S. 2 RAbgO. (vgl. Anm. S. 25) beherrscht wird. Zumeist wird nur das odiöse Schätzungsverfahren dargestellt (§ 210 Abs. 3 RAbgO.) und dadurch der Irrtum erweckt, es gebe nur dieses, das ja nur einen Ausnahmefall (Verschuldung der Mängel) durch den Steuerpflichtigen regelt (vgl. unten S. 74). Neuerdings Meusel, Der Schätzungsbescheid, Deutsche Steuerzeitung, Jahrg. IX, S. 69).

Verfahrensvorschrift. Es fällt mithin nicht jede „Taxe" oder „Schätzung" im Sinne des Sprachgebrauchs unter den oben gekennzeichneten Begriff der Schätzung, sondern nur das positivrechtliche Verfahren subsidiärer Art. Wir haben den Gegensatz zwischen Berechnung und Schätzung wie die Feststellung des Begriffs der Schätzung in diesem technischen Sinne schon an dieser Stelle klären zu müssen geglaubt; wir werden auf die „Schätzung" später zurückkommen; und haben nunmehr die Bewertung durch Berechnung zu erläutern[1].

2. Anwendung der Bewertung durch Berechnung.

a) Bewertung auf Grund unmittelbarer Rechnungsfaktoren (zahlenmäßig feststehende Posten).

§ 9.

Unmittelbar bedeutet hier die unmittelbare Anwendbarkeit einer absoluten Zahl für die Wertfestsetzung.

α) Am deutlichsten tritt dies in den Fällen hervor, in denen zahlenmäßig der Wert feststeht, und zwar auf Grund gesetzlicher Bestimmung. So ist z. B. dem § 6 Abs. 3 des preuß. Stempelsteuergesetzes vom 31. Juli 1895 der Satz zu entnehmen: „Der Wert einer in Reichswährung ausgedrückten Geldforderung ist der Nennwert" (vgl. Ernst Heinitz, Komm. z. PrStG. 1909 S. 85 und § 143 Abs. 1 RAbgO.). Hierher gehört auch der § 2 des Ausgleichsbesteuerungsgesetzes: „Forderungen und Ansprüche sind mit dem Betrag zu bewerten, der dem Gläubiger .... zusteht............. Laufen Forderungen ...... auf ausländische Währung, so sind sie nach dem Tageskurs des für die Steuer maßgebenden Stichtages zu bewerten." Hierher gehören ferner die Vorschriften über die Bewertung von Wertpapieren mit dem Kurswert (§ 141 Abs. 1 RAbgO.); auch in den Fällen, in denen der „Anschaffungs- oder Herstellungspreis", die Gestehungskosten, der Erwerbspreis als für die Bewertung maßgebend anzusehen sind, wird die unmittel-

[1]) Wir verweisen schon hier auf den später von uns (im Gegensatz zum „Schätzungsverfahren") gebrauchten Ausdruck „Inzidentschätzung" (vgl. S. 72 dieser Schrift).

bare Anwendung einer absoluten Zahl vorgeschrieben. In gleicher Weise sind die Fälle zu katalogisieren, in denen die absolute Zahl selbst durch Berechnung zu finden ist. Das gilt schon für den Erwerbspreis, der in der Regel ein Summenposten sein wird. Es gilt ferner für die Berechnung des Wertes unverzinslicher Forderungen (§ 143 Abs. 3 RAbgO.) noch nicht fälliger Ansprüche aus Versicherungen (§ 143 Abs. 4 RAbgO.), von Nutzungen und Leistungen im Sinne des § 144 RAbgO.

Auch der in der Einleitung erwähnte § 139 Abs. 2 RAbgO. (Bewertung der dauernd dem Betriebe gewidmeten Gegenstände nach dem Anschaffungs- oder Herstellungspreis abzüglich angemessener Abnutzung) gehört seinem wesentlichen Inhalte nach in diese Kategorie.[1])

Zahlenmäßig steht der unmittelbare Rechnungsfaktor auch fest, wenn es sich um einen Nullposten handelt, z. B. in § 147 RAbgO., der das Vermögen, dessen Erwerb vom Eintritt einer aufschiebenden Bedingung abhängt, erst dann berücksichtigt, wenn die Bedingung eingetreten ist (vgl. auch § 149 Abs. 1 RAbgO.), ferner in § 154 Abs. 2 bezüglich des beweglichen Inventars, das, falls bei Grundstücken als solchen für die Bewertung der gemeine Wert zugrunde gelegt wird, nicht zu berücksichtigen ist. In allen diesen Fällen steht die Zahl fest, die als Rechnungsfaktor für die Bewertung unmittelbar anzuwenden ist.

§ 10.

β) In einer zweiten Gruppe von Fällen steht die Zahl an sich nicht fest, ist aber durch erfahrungsgemäß bewährte Hilfsmittel feststellbar. Hierher gehört der wichtigste Fall aus der steuerlichen Bewertungslehre, die Bewertung nach dem gemeinen Wert. § 137 RAbgO. bestimmt: „Den Bewertungen ist, soweit nichts anderes vorgeschrieben ist, der gemeine Wert zugrunde zu legen.“ Derselbe Grundsatz stand schon in zahl-

---

[1]) Wir erwähnen diese Bestimmung, weisen aber auch hier nochmals darauf hin, daß sie für das Reichsnotopfergesetz wohl bei der Bewertung der Betriebsvermögen Privater, nicht aber für die Aktiengesellschaften anwendbar ist (vgl. S. 6 Anm. 2 und S. 12 Anm.).

reichen anderen Steuergesetzen, insbesondere in § 9 des preuß. Ergänzungssteuergesetzes, in § 6 des preuß. Stempelsteuergesetzes, in § 5 des Reichsstempelgesetzes, in § 29 des Besitzsteuergesetzes und in sonstigen Steuergesetzen des Reiches und der Länder. Auch die Begriffsbestimmung des gemeinen Wertes in § 138 RAbgO. (der gemeine Wert wird durch den **Preis** bestimmt, der im gewöhnlichen Geschäftsverkehre nach der Beschaffenheit des Gegenstandes unter Berücksichtigung aller den Preis beeinflussenden Umstände bei einer Veräußerung zu erzielen wäre; ungewöhnliche oder lediglich persönliche Verhältnisse sind nicht zu berücksichtigen) gibt geltendes Recht wieder. Hiermit vergleiche man ein Zitat aus Heinitz (aaO. S. 84):

„Der gemeine Wert oder Verkehrswert (vera rei aestimatio), d. i. derjenige Nutzen, welchen ein Gegenstand jedem Besitzer gewähren kann (§ 112 ALR. I, 2), bildet nach dem Sprachgebrauche des ALR. — und auf diesen ist zurückzugehen, da sich im BGB. allgemeine Vorschriften über den Wert nicht finden —, den Gegensatz zum außerordentlichen Werte (§ 114 eod.) und zum Werte der besonderen Vorliebe (§ 115 eod.). Der gemeine Wert darf hiernach im wesentlichen als mit demjenigen Werte identisch angesehen werden, welcher in den §§ 237, 501 BGB. als Schätzungswert bezeichnet wird; er entspricht regelmäßig dem Kaufpreise, der im gewöhnlichen Geschäftsverkehre nach der objektiven Beschaffenheit des Gegenstandes ohne Rücksicht auf ungewöhnliche oder lediglich persönliche Verhältnisse zu erzielen ist (RG. i. Gruchot 24 S. 409, JW. 1901 S. 665, 12)."

(Vgl. ferner Fuisting, Ergänzungssteuer S. 57; Entsch. d. OVG. in Staatssteuersachen V S. 69ff.; Strutz, Kommentar zum Kriegssteuergesetz S. 196; Lion, Die Grundstücksumsatzsteuer, Berlin 1919, 1. Hälfte, S. 145ff.; Ausführungsbestimmungen zum Besitzsteuergesetz im Zentralbl. f. d. Deutsche Reich, 1916, S. 414, § 27.) In den Sätzen vom „**gemeinen Wert**" ruht der Gedanke, daß alle Gegenstände, wie Adam Smith es nannte, einen „natürlichen Wert" haben, der ermittelt werden kann. Der gemeine Wert entspricht dem, was in der Sprache der Volkswirtschaftslehre als objektiver Tauschwert bezeichnet zu werden pflegt. Man nimmt an, daß ein solcher zahlenmäßig ausdrückbarer Wert besteht, also berechnet werden kann, wenngleich er vorerst äußerlich nicht erkennbar ist. In dem Ausdruck „Preis" liegt der Gedanke des zahlenmäßig Bestimmbaren. Gerade bei der Lehre vom gemeinen Wert besteht die Gefahr, aus dem Gedankenkreis des Rechnungsmäßigen in den der „Schätzung" im technischen Sinne hineinzugeraten. Dies liegt nahe zunächst, weil nach der Ansicht vieler der „Wertbegriff ein subjektiver und relativer" ist und die „Ausdrücke ‚objektiver' und ‚absoluter Wert' ihnen eine contradictio in adiecto zu enthalten scheinen" (vgl. z. B. Hermann Veit Simon, Die Bilanzen, Berlin 1899, S. 295). Die Betonung des „Subjektiven" wie des Werturteils wird immer zu dem Gedanken der Schätzung führen. Über die Frage, ob es einen „objektiven Wert" gibt, im Rahmen des Steuerrechts zu streiten, ist zwecklos. Unsere sämtlichen Steuergesetze beruhen auf dem Gedanken, daß ein solch „objektiver Wert" existiert, und die Gegner des „objektiven Werts" müssen sich wohl zumeist damit bescheiden, daß die Fiktion eine in der Jurisprudenz zulässige Denkform ist. Deshalb braucht auch diese Grundfrage der wirtschaftlichen Wertlehre hier nicht erörtert zu werden. Nun geht aber das Steuerrecht vom „gemeinen Wert" aus und betrachtet diesen „gemeinen Wert" als Grundtypus des objektiven Wertes. Hier kann man die Frage, wie denn der gemeine Wert zu finden sei, gar nicht erörtern, ohne den Begriff der „Schätzung im Sinne des Sprachgebrauchs" zu verwerten. Charakteristisch ist es, daß, wie Ernst Heinitz (vgl. oben) ausführt, das BGB. den Begriff „Schätzungswert" da benutzt, wo das Steuerrecht vom gemeinen Wert spricht. Man vergleiche auch folgenden Böhm-Bawerk entnommenen Satz: „Wir schätzen und lieben — den Fall sinnlosen Geizes etwa ausgenommen — die Güter nicht um ihrer selbst willen, sondern wegen der Förderung, die wir von ihnen für unsere Wohlfahrt erwarten. Alle Güterschätzung ist nichts als ein Widerschein einer ursprünglichen Schätzung, die wir den Lebens- und Wohlfahrtszwecken entgegenbringen, zu deren Erreichung die Güter nur dienen." Dennoch ist die Wertermittelung des gemeinen Wertes nach dem Aufbau unseres Steuerrechts immer Wertfeststellung und nicht Wahrscheinlichkeitsschluß und dies gilt auch dann, wenn als Hilfsmittel der Wertfeststellung ein Taxverfahren also eine Schätzung im Sinne des Sprachgebrauchs benutzt werden muß. Es sei in diesem Zusammenhang auf die bei Fuisting (Ergänzungssteuergesetz S. 152ff.) wiedergegebene „Technische Anleitung vom 26. Dezember 1893 für die erstmalige Schätzung des Werts der Grundstücke behufs Veranlagung der Ergänzungssteuer“ sowie auf die diese Anleitung ergänzenden Schätzungsnormen (Fuisting S. 484ff.; vgl. auch Buck, Steuerlehrbuch 1919 S. 228ff.) verwiesen, ferner auf die Verordnung über die Errichtung eines Landesschätzungsamts vom 20. November 1919 (Preuß. Gesetzessammlung 1919 S. 52). Der im Steuerrecht vorausgesetzte gemeine Wert wird mit Hilfe von Erkenntnismitteln, die sich nach der Erfahrung bewährt haben, zahlenmäßig bestimmt. (Vgl. über neuere Methoden Strutz „Der Haus- und Grundbesitz in den Kriegs- und Vermögenssteuern“, Berlin 1919, S. 22 u. 23). Die so gefundene Zahl ist in Verbindung mit der geltenden Währung für die Steuerberechnung Rechnungsfaktor mit unmittelbarer Funktion.

Das hier Ausgeführte gilt in der Lehre der Bewertung in der Regel auch vom Ertragswert, der sich zum gemeinen Wert etwa verhält wie das Einkommen zum Vermögen. Außer in den Fällen, wo als Ertragswert das Vielfache von tatsächlich vorliegenden Erträgen gilt (vgl. § 152 Abs. 6 RAbgO.), wo es sich also um zahlenmäßig feststehende Beträge handelt, wird der Ertragswert nach der Ertragsmöglichkeit bestimmt, also nach einer unbekannten Größe, von der aber das Steuerrecht annimmt, daß sie ziffermäßig bestimmbar ist (vgl. hierüber Strutz „Der Haus- und Grundbesitz“ S. 27ff.). Über das Verhältnis des „Ertragswerts“ zum „gemeinen Wert“ ist hier nur hinzuzufügen, daß der Ertragswert in zahlreichen Fällen als gleichberechtigte Bemessungsgrundlage in den neuen Steuergesetzen (vgl. RAbgO. § 152 und die Ausführungen bei Strutz aaO. S. 30) zum „gemeinen Wert“ in Gegensatz gestellt ist. Das entspricht einer Entwicklung, die aus dem Ertragswerte, der früher nur als aushilfsweise Bemessungsgrundlage für den gemeinen Wert war nunmehr eine selbständige Bemessungsgrundlage in den ausdrücklich vom Gesetz hervorgehobenen Fällen gemacht hat. Dieses trat schon in § 31 des Besitzsteuergesetzes hervor und gilt jetzt insbesondere, soweit es sich um Steuern vom Vermögen handelt (§ 152 Abs. 2). Mit aller Energie hatte Fuisting früher betont (Deutsche Juristenzeitung 1899 S. 31), daß die Benutzung des Ertrages nur als Hilfsmittel für die Bemessung des Kaufwertes gedacht werden könne und daß „die Gleichmäßigkeit der Besteuerung völlig preisgegeben würde, wenn für bestimmte Arten von Sachen bald der Ertrags-, für andere der Kauf- oder gar für dieselbe Art je nach zufälligen Umständen oder nach Belieben der Steuerbehörden oder der Besitzer bald der Ertrags-, bald der Kaufwert maßgebend sein sollte" (Fuisting, D. Jur.-Zeitung aaO. S. 29; vgl. auch Strutz „Haus- und Grundbesitz" S. 46). Wir müssen uns mit dieser Entwicklung, für die Reichsfinanzrat Becker (D. Jur.-Ztg. 1920 Sp. 85) u. a. auf die Erörterungen bei Entstehung des neuen Erbschaftssteuergesetzes verweist, zunächst abfinden und haben in dem nur hier beschäftigenden Zusammenhang festzustellen, daß gemeiner Wert wie Ertragswert zu den unmittelbaren Rechnungsfaktoren zählen, die an sich unbestimmt sind, jedoch zahlenmäßig ermitttelt werden können. Für die Grundstücksverzeichnisse (§ 155 RAbgO.) wird vorgeschrieben, daß nach Veranlagung von Grundstücken für die Vermögenssteuern die „dabei ermittelten Werte als Steuerwerte" in das Verzeichnis einzutragen sind. Der Ertragswert wird in den Fällen der Berechnung des gemeinen Wertes auch weiterhin zu den Hilfsmitteln zählen, die bei Ermittlung des gemeinen Wertes maßgebend sein können. Die unmittelbare Bewertung des Ertrages (vgl. auch Strutz aaO. S. 27 Zeile 23ff., S. 36), auf dessen einzelne Differenzierungen in Normal- und Individualertrag wir hier nicht einzugehen brauchen, finden wir heute vornehmlich bei den Grundstückswerten. Den Regelfall für die anderen Vermögensobjekte, soweit ihr Wert nicht zahlenmäßig von vornherein feststeht, bildet der gemeine Wert.

Die Bewertung der Rohmaterialien, der Halbfabrikate, der Fertigfabrikate hat (abgesehen von der Einheitsbewertung, vgl. § 11 dieser Schrift) nach dem gemeinen Wert zu erfolgen. Im Anschluß an die alte Lehre vom „gemeinen Wert“ hat § 138 Abs. 1 hinzugefügt, daß ungewöhnliche oder lediglich persönliche Verhältnisse nicht zu berücksichtigen seien.

Fritz Haußmann hat in einer Reihe von Aufsätzen (Deutsche Industrie, 1 Jahrg. Nr. 4, S. 64ff., Nr. 5, S. 87ff.) die große Bedeutung dieses Zusatzes für die gegenwärtigen, unser Wirtschaftsleben beherrschenden ungewöhnlichen Verhältnisse dargelegt und mehrfach auf die Erklärung verwiesen, die ein Regierungsvertreter bei der Ausschußberatung über die Reichsabgabenordnung (Drucksache Nr. 1460, S. 22ff.) unter Zustimmung des Ausschusses abgab:

„Solange unsere Valuta so schwankt wie in der letzten Zeit — der Unterschied betrug kürzlich von einem Tag zum anderen 25 v. H. —, kann von einer Preisbildung unter gemeingewöhnlichen Verhältnissen nicht die Rede sein. Dadurch wird die Ermittlung des gemeinen Wertes für die nächste Zeit außerordentlich erschwert. Es darf und muß aber erwartet werden, daß die Praxis aus dieser Schwierigkeit einen vernünftigen und erträglichen Ausweg findet. Dabei wird sie weder die Friedenspreise zugrunde legen — diese sind endgültig überholt —, noch von jetzt gelegentlich erzielten Phantasie- und Spekulationspreisen ausgehen dürfen, da die Preisbildung zurzeit durch ungewöhnliche Verhältnisse bestimmt wird. Wie weit die nach §§ 40ff. des Handelsgesetzbuches aufgestellten Bilanzen unter Berichtigung der wirtschaftlich gesunden, steuerrechtlich aber nicht ohne weiteres anzuerkennenden Abschreibungen und anderer Punkte bei der Ermittlung des Einkommens zu berücksichtigen sein werden, wird im Einkommensteuergesetz zu regeln sein. Hier handelt es sich um die Bewertung des Vermögens. Dafür können die Bilanzen nicht maßgebend sein, wie in der Begründung näher dargelegt ist, da sonst die im Laufe der Jahre in wirtschaftlich durchaus anzuerkennender Weise bereits abgeschriebenen Werte — man denke an die bis auf 1 M. abgeschriebenen Verwaltungsgebäude usw. — und namentlich auch die sogenannten immateriellen Werte, die der Handel auszuscheiden oder möglichst schnell abzuschreiben pflegt, gar nicht berücksichtigt werden können. Ein Gegengewicht gegen die Überspannung des Begriffs als gemeinen Wert wird darin zu finden sein, daß überall da, wo die Wertbestimmung mehr oder minder auf subjektivem

Ermessen beruht, dem eigenen Ermessen des Steuerpflichtigen ein großer Spielraum gelassen werden muß und das Finanzamt hiervon, wie auch in der Rechtsprechung anerkannt ist, nur dann wird abgehen dürfen, wenn es sich auf das sachverständige Urteil erfahrener Berufsgenossen stützen kann. Nur was sicher erzielt werden kann, darf als gemeiner Wert angesehen werden. Unerläßlich ist dann aber, daß der Steuerpflichtige, was für ihn gilt, auch gegen sich gelten lassen muß. Kommt es zur Realisierung solcher Werte, namentlich auch immaterieller Werte, so kann er, wenn der Vermögenszuwachs von der Steuer erfaßt wird, nicht damit gehört werden, daß der zuletzt von ihm angegebene und unbeanstandet gelassene Wert zu gering und sein Vermögen schon früher größer gewesen sei."

Gewiß ist das alles sehr richtig und weise; aber verkennen läßt sich doch nicht, daß zwischen dem Prinzip des gemeinen Wertes und der Anwendung des Prinzips nach der im Ausschuß gegebenen Erklärung ein Gegensatz besteht, der nicht eine „Entspannung", sondern eine Aufhebung des Prinzips bedeutet. Man ging vom Prinzip des gemeinen Wertes aus und fand als Lösung: Das Prinzip der Bewertung „nach der Übung des redlichen Handelsstandes". Diese Formulierung ist den allgemeinen Ausführungen Hermann Veit Simons (Bilanzen S. 299, 230) über den Wertansatz in der Bilanz entnommen, und es ist deshalb nicht zu verwundern, daß Veit Simons Schüler, Fritz Haußmann (aaO. S. 65), grundsätzlich wieder auf die Bilanz verweist. Hier sei nur festgestellt, daß das Prinzip der Bewertung nach dem gemeinen Wert immer in Zeiten außergewöhnlicher Preisbildung, insbesondere in einer Zeit des fehlenden wirtschaftlichen Gleichgewichts versagen muß. Wir glauben, daß schon der Steuerausschuß der Nationalversammlung sich in dem Gedankengang des „Subsidiären" befand, als er noch vom Grundsätzlichen zu handeln vermeinte.

§ 11.

Zu b) Bewertung auf Grund mittelbarer Rechnungsfaktoren.

α) „Einheiten" und „Betriebsvermögen".

Aus dem schon oft erwähnten preußischen Ergänzungssteuergesetz ist eine Lehre geschöpft worden, die auch bei Georg

Strutz in seinem neuesten großen Werk („Kommentar zum Gesetz über eine Kriegsabgabe vom Vermögenszuwachs usw.", Berlin 1920, S. 89) wiederkehrt: Die Lehre von den mittelbaren Rechnungsfaktoren.

1. Die allgemeine Grundlage der Lehre.

Es handelt sich um eine besondere Methode, durch welche der gemeine Wert (im Sinne des § 138 RAbgO.) berechnet werden soll. Da das Steuerrecht in diesem gemeinen Wert die objektive Grundlage der Besteuerung erblickt, muß es folgender „Rechtstatsache" Rechnung tragen: In zahlreichen Fällen, insbesondere innerhalb eines Betriebsvermögens, ist der einzelne Gegenstand nicht für sich, sondern als Teil des Ganzen anzusehen. Im Steuerrecht ist also dazu Stellung zu nehmen, ob das „Ganze" oder der „Teil" Gegenstand der Besteuerung werden soll, ob man eine „Einheit" bewerten soll oder die einzelnen Vielheiten. Daß man den Erscheinungen des Lebens nur gerecht wird, wenn man das nicht trennt, was das wirtschaftliche Bedürfnis zusammenfügt, bedarf keiner weiteren Ausführung. Für die Bewertung der Einheit, deren gemeiner Wert gesucht wird, behalten aber die ihr liegenden Vielheiten ihre Bedeutung. Wie soll diese Relation bei der Bewertung der „Einheit" ausgedrückt werden? Hier setzt die Lehre von den mittelbaren Rechnungsfaktoren ein.

Dem Band V der Entscheidungen des preußischen Oberverwaltungsgerichts in Staatssteuersachen entnehmen wir folgende Sätze (S. 34, 35):

„Indessen bildet keineswegs die Summe der Einzelwerte ohne weiteres den maßgebenden Gesamtwert des Anlage- und Betriebskapitals; vielmehr ist der Verkaufswert der Gesamtheit als eines einheitlichen Steuerobjektes zu ermitteln. Wenn zunächst die einzelnen Teile zu bewerten sind, so hat dies nur den Zweck der Gewinnung von Rechnungsfaktoren und Unterlagen, da sich ohne solche Feststellungen eine Bewertung im ganzen kaum vornehmen läßt. Gegenstand der Bewertung ist aber stets die Gesamtheit als steuerliche Einheit (§§ 4 Nr. 2, 6 des Ergänzungssteuergesetzes, Art. 10, 12 der Ausführungsanweisung). Soll beispielsweise das gewerbliche Anlage- und Betriebskapital eines Fabrikgeschäftes bewertet werden, so sind vorab die vorhandenen baren Geldbestände sowie die Werte der Außenstände, die Höhe der Schulden und der Wert der Warenvorräte zu ermitteln. Die Bewertung muß sich weiter erstrecken auf die einzelnen, dem Betriebe gewidmeten Grundstücke, Gebäude und Maschinen usw.; auch diese sind zunächst im einzelnen zu bewerten. Nach Zusammenstellung aller dieser Einzelwerte ist hierauf der objektive Verkaufswert des Fabrikgeschäftes im ganzen zu ermitteln, wobei die Einzelfeststellungen teils als unmittelbar und zahlenmäßig verwendbare Rechnungsfaktoren, teils als Unterlagen und Hilfsmittel für die Bewertung des Ganzen, insoweit also als mittelbare Rechnungsfaktoren in Betracht kommen. Ersteres gilt für diejenigen Teile des gewerblichen Anlage- und Betriebskapitals, deren Bewertung überhaupt nicht durch den Zusammenhang mit dem Gesamtbetriebe bedingt wird, sondern unabhängig hiervon und insoweit völlig selbständig erfolgen kann. Dies sind zunächst solche Teile, deren Wert unmittelbar gegeben und ausschließlich oder in überwiegendem Grade durch Berechnung zu finden ist, also die Bestände an barem Geld und Wertpapieren, die Außenstände und die Schulden; ferner aber auch regelmäßig die Warenvorräte, die Vorräte an Roh- und Hilfstoffen, die zum Inventar gehörigen Zugkräfte usw.; sofern nicht etwa ein unter Loslösung von dem Gesamtbetriebe erfolgender Verkauf aus besonderen Gründen eine wesentliche Entwertung zur Folge haben würde. Dagegen dienen im übrigen, namentlich hinsichtlich der zum Fabrikbetriebe gehörigen Immobilien, Maschinen und Gerätschaften, die Einzelfeststellungen nur als Unterlagen und Hilfsmittel oder als mittelbare Rechtsfaktoren. Diese Gegenstände bilden die Fabrikanlage im engeren Sinne, also eine in einem notwendigen Zusammenhang stehende technische Einheit zur Herstellung von Erzeugnissen für den wirtschaftlichen Verkehr. Diese Einheit kann in richtiger Weise regelmäßig nur als Ganzes bewertet werden. Denn der Fabrikant bezweckt durch die Zusammenfügung der einzelnen Teile zur Gesamtheit der Fabrikanlage die Erzielung eines höheren Gewinns und gerade diese gewinnbringende Bestimmung der Fabrikanlage hat auch regelmäßig einen im Verkehr zum Ausdrucke gelangenden, die Summe der Einzelwerte übersteigenden Wert der Anlage zur Folge. So wird z. B. eine auf dem Lande belegene und mit hohem Gewinne betriebene Fabrik als solche nicht nur für den gegenwärtigen, sondern für jeden mit den erforderlichen Fähigkeiten und Geldmitteln versehenen Besitzer einen verhältnismäßig hohen Wert haben, während sich bei Auflösung der Fabrik aus dem Verkaufe der einzelnen Immobilien, Maschinen, Betriebsgerätschaften usw. vielleicht nur ein ganz geringfügiger Erlös erzielen lassen würde. Da sich aber die Bewertung nach der Gegenwart richtet (§§ 9 und 10 des Ergänzungssteuergesetzes), so kann die Fabrikanlage regelmäßig auch nur nach ihren gegenwärtigen Verhältnissen als Ganzes, nicht aber nach ungewissen Möglichkeiten der Zukunft oder nach anderen, bisher nicht in Aussicht genommenen Verwendungszwecken bewertet werden (vgl. Entsch. d. OVG. in Staatssteuersachen, Bd. V, S. 117, 118 Anm.). Ausnahmen, die dahin eintreten können, daß der Wert der einzelnen Teile, z. B. der Fabrikgrundstücke in Städten mit hohen Bodenwerten, den Wert des Ganzen als solchen erheblich übersteigt und deshalb für die Bewertung maßgebend ist, ändern nichts an der Regel, daß die Fabrikanlagen als Einheiten im ganzen zu bewerten sind. Die Einzelfeststellungen, hinsichtlich der verschiedenen Teile der Fabrikanlage sind für die Bewertung der ganzen Anlage als Unterlagen und Hilfsmittel oder als mittelbare Rechnungsfaktoren insofern von hoher Wichtigkeit, als der Wert der ganzen Anlage von der Größe, Menge und Güte der einzelnen Teile wesentlich abhängt. Es ist selbstverständlich, daß der Wert einer Anlage je nach der Größe der Grundstücke, dem Umfange und der Beschaffenheit der Baulichkeiten, dem Umfange, der Menge und Güte der Maschinen, Betriebsgerätschaften usw. steigt oder fällt. Alle diese für die Bewertung der ganzen Anlage mitbestimmenden Umstände lassen sich aber nur auf Grund der vorhergehenden Einzelfeststellungen richtig erkennen und würdigen."

Hierzu sind ferner zu vergleichen Entsch. OVG. V, S. 117 Anmerkung (VIII, S. 339 und Fuisting, Ergänzungssteuergesetz S. 52ff., 80ff.).

Die Erkenntnis, daß die wirtschaftliche **Einheit** als Ganzes zu bewerten ist, führte also dazu, die Werte der Teile dieses Ganzen als Rechnungsfaktoren anzusehen, die nicht als Summenwert und unmittelbar, sondern als Hilfsmittel für die **Ermittlung des gemeinen Wertes** der Einheit zu behandeln sind.

An diese Lehre knüpft § 137 Abs. 2 RAbgO. mit der Bestimmung an:

„Jede wirtschaftliche Einheit ist für sich zu bewerten und ihr Wert im ganzen festzustellen. Was als wirtschaftliche Einheit zu gelten hat, ist nach den Anschauungen des Verkehrs zu entscheiden; die örtliche Gewohnheit sowie die Zweckbestimmung und wirtschaftliche Zusammengehörigkeit oder Abhängigkeit der einzelnen Gegenstände sind zu berücksichtigen."

Den Gedanken der „mittelbaren Rechnungsfaktoren" umschreibt die Reichsabgabenordnung durch die Wendung, der Wert sei im ganzen festzustellen. Die Formulierung des § 137 Abs. 2 RAbgO. entspricht im übrigen den vom Oberverwaltungsgericht aufgestellten, von Fuisting in seiner Darstellung von den Bewertungseinheiten (aaO. S. 53) verarbeiteten Grundsätzen.

2. Anwendung auf das Gesellschaftsvermögen.

Der § 17 RNotG. verlangt die Besteuerung und damit die Bewertung des „gesamten Gesellschaftsvermögens" der Aktiengesellschaften; es ist nicht nur das Wort „gesamt", sondern auch der Ausdruck „Gesellschaftsvermögen" zu beachten. Dieses Gesellschaftsvermögen ist nach den „Anschauungen des Verkehrs" (§ 137 Abs. 2 RAbgO.) eine Einheit. Der Einheitstypus ist der des gewerblichen kaufmännischen Betriebsvermögens. Auch das Reinvermögen ist als Gesellschaftsvermögen, also als Einheit und nicht nur als Summenposten zu ermitteln. Nicht die Summe der nach dem wirklichen Wert berechneten Aktiva im Vergleich zu den Bilanzansätzen stellt die Totalität der Reserven dar, sondern der Geldwert der „Einheit" abzüglich des Grundkapitals (und des Reingewinnes).

Wir haben oben die grundlegende Entscheidung des Oberverwaltungsgerichts wörtlich wiedergegeben. Aus ihr ergibt sich, daß auch bei Anwendung der Lehre von der „Einheit" **die unmittelbaren Rechnungsfaktoren ihre Bedeutung behalten.** Es ist z. B. noch niemand eingefallen, den Kassabestand wegen des Gesichtspunktes der Einheit anders zu behandeln als einen unmittelbaren Rechnungsfaktor. Dasselbe hat in allen den Fällen zu gelten, in denen dem Gesetz selbst die Weisung zu entnehmen ist, einen Wert als unmittelbaren Rechnungsfaktor einzusetzen.

Eine solche Weisung ist weder denjenigen Bestimmungen zu entnehmen, in denen vom gemeinen Werte auszugehen ist, noch denen, die (wie z. B. die Normen der Grundstücksbewertungen) den Ertragswert dem gemeinen Wert gleichstellen, noch denen, die (wie z. B. der §§ 141, 142 RAbgO.)

in Wahrheit besagen, der Steuerkurs drücke den gemeinen Wert aus. Wohl aber liegt eine solche Weisung in den Vorschriften des § 20a RNotG. („deutsche Goldmünzen sind mit dem Metallwerte zu bewerten“), in den Bewertungsnormen des Ausgleichsbesteuerungsgesetzes, wie im allgemeinen in allen eine Abweichung vom gemeinen Wert bezweckenden Regelungen. Hier sind außerhalb der Einheit einzusetzende unmittelbare Rechnungsfaktoren gegeben. Das gilt insbesondere da, wo das Gesetz für Gegenstände innerhalb einer Einheit, also z. B. innerhalb des Betriebsvermögens besondere Bewertungsnormen gibt. Dies ist im § 139 Abs. 2 RAbgO. bezüglich „der dauernd dem Betriebe gewidmeten Gegenstände“ geschehen, denn hier entfernt sich das Gesetz von der „Einheit“. Soweit durch eine solche Regelung innerhalb des Einheitstypus zu berücksichtigende Reserven als Objekte der Besteuerung verschwinden, stößt sich diese Vorschrift an dem § 17 RNotG., der die Totalität der Reserven bei dem Reichsnotopfer der Aktiengesellschaften zur Besteuerungsgrundlage macht. Nur für das Gesellschaftsvermögen der im § 17 RNotG. bezeichneten juristischen Personen usw., nicht etwa bei dem Betriebsvermögen einzelner (offener Handelsgesellschaften, Kommanditgesellschaften usw.), ergibt sich dieser juristische Konflikt. Wie ist er zu lösen? Wollte die Reichsabgabenordnung durch § 139 Abs. 2 den § 17 RNotG. abändern? Schwerlich; denn die Reichsabgabenordnung ist das frühere und zudem das allgemeinere Gesetz, welches gemäß § 1 Abs. 3 RAbgO. nicht gilt, soweit in den einzelnen Steuergesetzen Abweichendes vorgeschrieben ist. Bezieht sich aber § 17 RNotG. auf das „gesamte Gesellschaftsvermögen“ usw. und ist damit die Summe der Reserven als Gegenstand der Besteuerung gemeint, so wird eine der Reichsabgabenordnung entnommene Bewertungsvorschrift unanwendbar, die den für den Einheitstypus an sich unerheblichen Anschaffungspreis als unmittelbaren Rechnungsfaktor auch dann zuläßt, wenn er eine Unterbewertung gegenüber dem gemeinen Wert (vgl. Schachian aaO. S. 196) ausdrückt. Diese Unterbewertung ist nicht druch Anschauungen des Verkehrs bedingt; in den meisten Fällen handelt es sich um „stille Reserven", welche die Aktiengesellschaft den Bewertungsvorschriften des § 261 HGB. verdankt und die der Verkehr allgemein als Reserven empfindet. Deshalb greift § 17 RNotG. ein. Man ist also bei den Aktiengesellschaften auch bezüglich der „dauernd dem Betriebe gewidmeten Gegenstände" wieder auf die Lehre von der „Einheit" angewiesen (vgl. § 12 dieser Schrift).

Für das Notopfer der Aktiengesellschaften ist das vielleicht in den siebziger Jahren des vorigen Jahrhunderts gekaufte Grundstück, das durch Mutung erworbene, vielleicht noch nicht einmal genutzte Bergwerkseigentum, das auf Grund der Erfindungen des eigenen Patentbureaus entstandene Patentrecht per 31. Dezember 1919 zu bewerten und zwar alles unabhängig vom Anschaffungs- oder Gestehungspreis, wenngleich stets im Hinblick auf die „Einheit", d. h. auf den Wirtschaftsorganismus (mithin nur in der Relation zum Ganzen).

Aber auch zu Milderungen führt die Einheitslehre: Der Grundsatz der „Einheitsbewertung" erfaßt in der Regel innerhalb aller echten Betriebsvermögen (hier also bei dem Gesellschaftsvermögen der Aktiengesellschaften) alle Werte, die sonst nach dem gemeinen Wert anzusetzen sind. Ferner hat man davon auszugehen, daß „das Unternehmen nicht aufgelöst, sondern weiter fortgeführt werden soll". So kommt man dazu, alle Gegenstände (die nicht durch unmittelbare Rechnungsfaktoren auszudrücken sind) innerhalb der durch ihreBetriebszwecke bestimmten Einheit unter Berücksichtigung der Anschauungen und Übungen des redlichen Handelsstandes zu bewerten. Geht man anders vor, so eliminiert man gerade die Momente, auf denen die „Einheit" beruht, die wirtschaftliche Zusammengehörigkeit" wie die Abhängigkeit der „einzelnen Gegenstände" (§ 137 Abs. 2 RAbgO.) und macht dann also wieder unmittelbare Rechnungsfaktoren aus Posten, die nur mittelbar zwecks Bewertung des Betriebsvermögens als Ganzem in der „Einheit" eingesetzt werden dürfen.

Der von der Wertermittlung nach dem Gesetz über die Kriegsabgabe vom Vermögenszuwachs handelnde Erlaß des Reichsministers der Finanzen vom 15. März 1920 (Reichssteuerblatt 10. Jahrg. S. 173) berücksichtigt die Einheitslehre noch nicht, wenngleich auch dieser Erlaß schon die rigorose Einsetzung des „gemeinen Wertes“ zu verhüten sucht. U. E. verlangt die Einheitsbewertung nicht nur bei „dauernden Beständen“ („die zur Aufrechterhaltung von Wirtschaft und Betrieb bestimmt sind“), sondern auch bei „Umlaufswerten“ (Waren und sonstigen Erzeugnissen) für die „Einheit“ ein Ergebnis, das den „Anschauungen des Verkehrs“ zu entsprechen hat.

Wir glauben aber nicht, daß ein solches Ergebnis für die Aktiengesellschaften sich im Wege der Berechnung erreichen läßt, weil man bei ihnen immer wieder einzelne Bilanzposten abzuändern (d. i. vom Standpunkt des Reichsfiskus aus heraufzusetzen) sucht, und weil man so in die Bewertung nach unmittelbaren Rechnungsfaktoren verfällt und sich von der „Einheit“ entfernt.

3. Die Erweiterung durch Berücksichtigung der immateriellen Werte.

Die Lehre von der „Einheit“ wird weiter durch folgende Erwägung ergänzt: Man geht von der Beobachtung aus, daß die Einheit in sich noch einen Wert aufweist, für den die im Ganzen liegenden Teile keinerlei Ausdrucksmittel bieten (das Virtuelle), obwohl ihr Zusammenwirken diesen besonderen Einheitswert herbeiführt. Da das Steuerrecht sich nicht auf eine physikalische Betrachtungsweise einlassen kann, so geht es davon aus, daß außer den sichtbaren oder ausweisbaren Werten noch unsichtbare oder virtuelle in der „Einheit“ liegen müssen, die auch als Rechnungsfaktoren in Betracht gezogen werden könnten. Die für diese Rechnungsfaktoren gewählte Formel lautet: „immaterielle Werte“. Der Reichsfinanzhof hat gelegentlich bei Erörterung einer Frage des Reichsstempelrechts (Entsch. II, S. 11) von dem Mehrwert gesprochen, den ein geschäftliches Unternehmen als

Wirtschaftsorganismus über den Wert der einzelnen .... Vermögensbestandteile hinaus hat und dabei gesagt (S. 16): „Der Mehrwert .... betrifft gerade das, was das Unternehmen als Ganzes infolge besonderer Einrichtungen oder Verhältnisse über die Gesamtsumme der Werte der einzelnen Gegenstände hinaus mehr wert ist.“ Der neuen Reichssteuergesetzgebung ist an der steuerlichen Erfassung der diesen „Mehrwert“ bestimmenden Faktoren gelegen; sie sieht als ihre wichtigste Art[1]) die „immateriellen Werte“ an.

In der Begründung (Drucksache Nr. 759, S. 111) heißt es: „Die einzelnen Gegenstände, die zu dem Unternehmen gehören, bilden nur Rechnungsposten in der Gesamtrechnung.“ Die Begründung polemisiert nur in einem Punkte, nämlich bei der Erörterung der Bewertungsfrage der immateriellen Werte. „Handelsrechtlich“ — so meint die Begründung — „ist es unzulässig, sogenannte immaterielle Werte — Firmen, Kundschaft, Warenzeichen, Erfindungen, durch Reklame erreichter Ruf usw. — zu berücksichtigen, es sei denn, daß Aufwendungen dafür gemacht worden sind, und sogar in diesem Fall pflegt der ordentliche Kaufmann diese Lasten möglichst schnell abzuschreiben. Steuerrechtlich liegt die Sache wesentlich anders. ... Die Erfahrung lehrt täglich, wieviel für solche immateriellen Werte bei Veräußerung eines Geschäfts gezahlt wird; deshalb müssen sie auch steuerrechtlich, z. B. bei Besitzsteuer oder Erbschaftssteuer berücksichtigt werden. Eine wesentlich andere Frage ist, wieweit man in der Praxis hierin gehen will. Es wird geboten sein, nur das, was sicher erzielt werden kann, als gemeinen Wert anzusehen. Dabei wird dem Ermessen des Steuerpflichtigen ein weiter Spielraum zu lassen sein, und das Finanzamt wird nur davon abgehen dürfen, wenn es sich auf das sachverständige Urteil erfahrener Berufsgenossen stützen kann. Anderseits muß der Steuerpflichtige sein Urteil auch gegen sich gelten lassen: Kommt es zu einer Realisierung solcher immateriellen Werte, so kann er nicht damit gehört werden, daß der zuletzt vor der Realisierung angegebene Wert zu gering

[1]) Daß manche auch die „Rentabilität“ des Unternehmens unter diesem Gesichtspunkte erörtern, wird weiter unten S. 101 dargelegt werden.

sei und daß sein Vermögen schon früher größer gewesen sei.“ Wir haben die Begründung wörtlich zitiert und verweisen darauf, daß später in der Ausschußberatung (Drucksache Nr. 1460 S. 22ff.) wörtlich dieselben Ausführungen, wie oben S. 36 angeführt, bei der Preisbildung und der Berechnung des gemeinen Wertes gemacht wurden. Wir können daher weiter auch auf das von uns hierzu S. 37 Bemerkte verweisen.

Gerade Strutz hat sich sowohl in seinem Kommentar zum Kriegssteuergesetz (S. 89) wie in dem neuen Kommentar zum Vermögenszuwachssteuergesetz (S. 88/89) mit dem Problem der Bewertung der immateriellen Rechte innerhalb des Unternehmens als der Bewertungseinheit beschäftigt, und hat „in der Sache zugegeben, daß alle Umstände, die den gemeinen Wert des Unternehmens als Ganzen, d. h. den unter gemeingewöhnlichen Verhältnissen sich vollziehenden Verkauf für das Unternehmen im ganzen zu erzielenden Preis zu beeinflussen geeignet sind, nicht „unberücksichtigt“ bleiben dürfen“. (Kriegssteuergesetz S. 89). In dem neuen Kommentar (ebenfalls S. 89) hat er diese Gedanken noch stärker betont und folgendes hinzugefügt: „Der Verkaufswert der Gesamtheit, der das Ziel der Schätzung bildet, wird aber gerade auch durch immaterielle Rechte beeinflußt; eine Buchdruckerei z. B., in deren Verlag eine Zeitung mit gesichertem Leserkreis erscheint, hat hierdurch eben einen höheren Verkaufswert. Nicht den Ausgangspunkt hat der Wert des ganzen Unternehmens zu bilden, sondern die Ermittlung des Wertes der ganzen Anlage ist das Ziel, zu dessen Erreichung die Einzelbewertungen nur Material liefern, aber nicht das alleinige, mechanisch zusammenzurechnende.“ Das ist auch der Standpunkt der Begründung zu § 137 Abs. 2 RAbgO. Die Schwierigkeiten der Wertermittlung sind auch bei Strutz genügend hervorgehoben, wenn er von dem Ziel der „Schätzung“ spricht. Denn hier hört in der Tat die Berechnungsmöglichkeit auf.

Gewollt ist hiernach die Bewertung des Goodwill's für Steuerzwecke (vgl. auch Kloß, Die Reichsabgabenordnung, bei Marcuse, Das neue Steuerrecht, Sack 1920, S. 33). Die Schwierigkeiten der Wertermittlung sind in der Begründung der Reichsabgabenordnung nicht verkannt.

Die Entwicklung ist also folgende gewesen: Ursprünglich hat man die sogenannten immateriellen Rechte überhaupt nicht bewertet, weil sie keine „materiellen Betriebsmittel" (vgl. Fuisting, Ergänzungssteuer S. 36) darstellen und deshalb nicht zum „steuerbaren Vermögen gehören". Dann ging man beim Wehrbeitragsgesetz dazu über, sie dort zu bewerten, wo sie als Bilanzposten insbesondere also beim entgeltlichen Erwerb in der Bilanz des Erwerbers auftraten (Rundschreiben des Reichsschatzamts vom 5. Februar 1914 in den Amtlichen Mitteilungen vom 28. Februar 1914, S. 57 und die dort angeführten Entscheidungen des Sächsischen Oberverwaltungsgerichts Bd. 5 S. 364ff., Bd. 7, S. 362ff., Bd. 14, S. 95ff.). Jetzt geht man noch weiter: man will sie auch bei dem bewerten, der sie geschaffen hat, ferner bei dem, der derartige Werte aus seiner Bilanz ausgemerzt hat usw. In allen diesen Fällen will man einen Rechnungsposten schaffen, der als Werterhöhungsfaktor bei der Bewertung der wirtschaftlichen Einheit zu wirken geeignet ist.

Man darf nun gerade für das Aktienwesen nicht immer nur an die kleinen Verhältnisse denken, sondern muß sich auch die Folgen klar machen, welche diese neue Lehre für die großen Konzerne hat. Wieviele immateriellen Werte sind z. B. in der Bilanz einer Großbank nicht ausgewiesen. Was ist bei Fusionen, bei Ankäufen von Privatbankgeschäften, bei Einrichtung von Depositenkassen an immateriellen Gegenständen — wie man jetzt wohl sagen muß — versteckt worden, und was hätten wohl die Mitglieder der Zulassungsstelle dazu gesagt, wenn derartige Werte überhaupt jemals in der Bilanz ausgewiesen worden wären. Man nehme nur einmal das Handbuch der Aktiengesellschaften und studiere die Geschichte eines einzelnen Großunternehmens. Was tut sich da von immateriellen Werten auf, die der derzeitige Vorstand der Aktiengesellschaft überhaupt nicht kennt. Aus jeder großen Transaktion, namentlich aus Fusionen, die Dezennien zurückliegen, wird man mittelbare Rechnungsfaktoren zwecks Werterhöhung des Ganzen schöpfen können. Es würde doch allen Grundsätzen steuerlicher Gerechtigkeit widersprechen, wenn man diesen Werterhöhungsfaktor nur bei den kleinen Unternehmen einsetzen wollte. Schon die Zugehörigkeit zur Stempelvereinigung wird wohl zu bewerten sein. Man gelangt dann dahin, nicht nur das steuerbare Vermögen zu bewerten, sondern eine vorläufig gar nicht zu schätzende Anzahl von den „Kredit und daher den Wert" oder „die Macht und daher den Wert" des Unternehmens erhöhenden Faktoren, denen keinerlei Objekt im Vermögensinventar entspricht, zu berücksichtigen, d. h. als Rechnungsfaktoren einzusetzen. „Werte, die der Krieg vernichtet" — „Von dem Fiskus zugedichtet."

Eine Entscheidung des Reichsfinanzhofs (Bd. 1, S. 280) beschäftigt sich mit der Frage, ob das Malzkontingent im Sinne der Verordnung über die Malzkontingente der Bierbrauereien und den Malzhandel vom 20. November 1917 (RGBl. S. 1061) zu den in Tarifnummer 1 Ad RStempG. aufgeführten „sonstigen beweglichen Vermögensgegenständen" gehört. Auch hier handelt es sich um eine Bewertung im Rahmen eines Veräußerungsgeschäfts. Nach dem Argument a minori ad maius wird man wohl zu dem Ergebnis kommen, daß, wenn immaterielle Gegenstände zu bewerten seien, dies um so mehr für „sonstige bewegliche Vermögensgegenstände" zutreffe, daß also jede Aktienbrauerei in ihrer Notopferbilanz wegen der „bürgerlichrechtlichen Bedeutung des Malzkontingents" (Reichsfinanzhof aaO. S. 281) für dieses Braurecht einen Bewertungsposten einzusetzen habe. Diese Malzkontingente bieten nun nach § 5 Abs. 2 der Verordnung den Schlüssel für die Belieferung der Brauereien mit Getreide. Zwar haben die Brauereien keinen Rechtsanspruch darauf, daß ihnen nach Maßgabe dieses Schlüssels Getreide zugewiesen wird; aber liegt nicht in der Anwartschaft ein immaterielles Recht? Auf diese Weise kommt man dann zur Bewertung aller möglichen Anwartschaften; daß Optionen dann auch bewertet werden müssen, folgt auch wieder aus dem oben erwähnten Argument. Der Einwand, daß es sich um aufschiebend bedingte Rechte handelt, die steuerrechtlich unberücksichtigt bleiben (§ 147 RAbgO.), versagt beim Reichsnotopfer, weil § 22 Abs. 1 dieses Gesetzes (nach einem Antrag

Blunck) bestimmt, daß § 147 RAbgO. für das Reichsnotopfer keine Anwendung findet (vgl. aber oben S. 10).

Auf die Folgen dieser Lehre für Bewertungen, die sich aus dem Kartellrecht, dem Recht der Interessengemeinschaften usw. ergeben, wollen wir hier nicht eingehen. Der Grundsatz der Hilfsdienstpflicht immaterieller Rechte für Steuerzwecke läßt sich schon deshalb nicht durchführen, weil in den seltensten Fällen die Berechtigten sich dieser Rechte und der Bewertungspflicht bewußt sein werden.

Nach der oben erwähnten Begründung der Reichsabgabenordnung zu der Lehre von der Einheit soll „dem Ermessen der Steuerpflichtigen ein weiter Spielraum gelassen werden". Damit ist nicht die Ernsthaftigkeit des Grundsatzes, sondern die Möglichkeit seiner Durchführung in Frage gestellt. Die Grundgedanken, daß der Wert des Unternehmens sich nicht nur in der Summe der Werte der einzelnen Vermögensgegenstände ausdrückt und daß insbesondere auch immaterielle sowie solche Werte, die bilanzmäßig nicht angesetzt werden können, zu den einen Geschäftswert bestimmenden Faktoren gehören, sind zweifellos zutreffend aus der Erfahrung geschöpft. Aus der Erfahrung hätte man aber weiter schöpfen und sich darüber klar werden müssen, was Krieg und Übergangszeit an immateriellen Werten vernichtet haben. Nun will man das Immaterielle für Steuerzwecke fruchtbar machen. Dazu benutzt man eine Methode, die sich im Rahmen des Ergänzungssteuergesetzes bewährt hat, weil man dort zwischen steuerbarem und nicht steuerbarem Betriebsvermögen streng schied und sich auf die Bewertung der „materiellen Betriebsmittel" beschränkte, nämlich die Methode der Bewertung durch Berechnung. Diese Methode versagt da, wo die Berechnungsmöglichkeit aufhört. Man kommt dann dazu, alle möglichen willkürlichen Faktoren als Rechnungsfaktoren einzusetzen oder durch den Steuerpflichtigen einsetzen zu lassen. Auch diese Rechnungsfaktoren, die Werterhöhungsmomente sein sollen, können nur als ein „plus x" gelten; aus ihnen kann vielleicht eine werterhöhende Schätzungsziffer genommen werden. Auf der anderen Seite muß es dann auch den Abgabepflichtigen gestattet sein, ähnlich unbestimmte Wertminderungsziffern einzusetzen. Er muß z. B. mit der Behauptung gehört werden, daß er während des Krieges und während der Nachkriegszeit nicht in der Lage war, die Instandhaltung so vorzunehmen, wie es ein ordnungsmäßiger Betrieb erfordert. Charakteristisch ist es, daß Strutz in seinem neuen Kommentar (S. 389) bei der Erörterung der „Abschreibungen auf den Wert des Unternehmens im ganzen (S. 389)“ seine Ausführungen über die Bedeutung der Summe der Einzelwerte, der Wertansätze der einzelnen Bestandteile und des Wertes der wirtschaftlichen Einheit des Unternehmens im ganzen — diesmal mit einem negativen Vorzeichen versehen — wiederholt. Mit Recht sagt Rosendorff, der die von Strutz begründete Lehre von der Zulässigkeit der Wertberichtigungsposten auf der Passivseite (vgl. die Literatur bei Strutz aaO. und bei Rosendorff in den zeitgemäßen Steuerfragen 1. Jahrg. S. 69), also die Kollektivabschreibungen angenommen und durch zahlreiche eigene Gedanken schöpferisch weiterentwickelt hat: „Wenn aber für den Wert eines Unternehmens nicht nur der Wert der einzelnen Vermögensgegenstände, sondern die Fabrikanlage als Einheit, wie die Entwicklungsaussichten maßgebend sind, und sich hieraus je nach den Umständen ein höherer oder niederer Wert des Unternehmens im Vergleich zu dem Wert der einzelnen Gegenstände ergeben kann, so folgt hieraus, daß auch Faktoren, die den Wert eines Unternehmens mindern, durch einen Passivposten ihre Berücksichtigung finden müssen, gleichviel ob ihnen in der Bilanz ein besonderer Einzelposten gegenübersteht oder nicht.“ Auch der Reichsfinanzhof hat sich in der Entscheidung vom 13. Januar 1920 (Zeitg. Steuerfragen, Jahrg., 1 S. 65, Mitteilung des Reichsfinanzrats Zimmermann; Strutz aaO. S. 389; Rosendorff aaO. S. 70) auf denselben Standpunkt gestellt.

Treffend hat Flechtheim (Bankarchiv 1919 S. 67), den auch Rosendorff anführt (aaO. S. 69), betont, daß die Liquidation der Kriegswirtschaft den Beweis erbracht hat, „daß der Krieg auch bei den anscheinend durch die Kriegskonjunktur am meisten begünstigten Gesellschaften ein Zerstörer und Verwüster war, und daß ein vorübergehender Glanz mit dem endgültigen oder doch noch auf lange Jahre hinaus wirkenden Verlust unersetzlicher Werte bezahlt worden ist".

Alle diese Abzugsposten sind zu berücksichtigen. **Dann kommt es also bei der Veranlagung zum Reichsnotopfer bezüglich des Immateriellen darauf hinaus, daß Steuerbehörde und Steuerschuldner sich die Plus- und Minusposten gegenseitig abhandeln, und dann muß man, wie Fritz Haußmann dies in seinen Bewertungsaufsätzen ausführt** (Deutsche Industrie, 1. Jahrg. Nr. 4, S. 65) **zu der vom Steuergesetzgeber verschmähten Bilanz notgedrungen zurückkehren.** Die Berechnungsmethode, die sich auf der Lehre von der Einheit aufbaut, führt infolge der Ausdehnung auf die immateriellen Werte die Praxis just dahin, wohin sie nach der Absicht des Gesetzgebers nicht gehen sollte. Welcher Willkür mit der Einführung der immateriellen Werte die Tür geöffnet wird, haben wir schon erwähnt.

§ 12.

β) Einzelfragen für das Betriebsvermögen.

Der Verfasser der Reichsabgabenordnung, Reichsfinanzrat Becker, schrieb nach Verabschiedung dieses Gesetzes in der Nationalversammlung (D. Jur.-Ztg. v. 1. Januar 1920 Sp. 85): „Nicht unbedenklich sind Änderungen der Bewertungsvorschriften. Die meisten Grundstücke sollen nach dem Ertragswert bewertet werden.... Das führt bei der Bewertung von Betriebsvermögen, zu denen Grundstücke gehören, zu Schwierigkeiten, die nur notdürftig durch Einstellung des Ertragswerts als Rechnungsposten behoben werden. Noch bedenklicher ist der in 3. Lesung (durch ein Versehen?) angenommene § 139 Abs. 2. ...„Man darf gespannt sein, wie die Praxis dies mit der Bewertung der wirtschaftlichen Einheit nach dem gemeinen Werte vereinbart."

Dieser § 139 Abs. 2 beruhte auf einem zur dritten Beratung des Entwurfs der Reichsabgabenordnung eingebrachten Antrag Arnstadt und Genossen (Drucksache Nr. 1602), der Unterschriften der damaligen Minderheitsparteien trug. Die Bestimmung lautet:

„Für die Bewertung der dauernd dem Betriebe gewidmeten Gegenstände ist der Anschaffungs- oder Herstellungspreis abzüglich angemessener Abnutzung maßgebend, unter Zulassung des Ansatzes eines niedrigeren Wertes, wenn er dem wirklichen Werte zur Zeit der Bilanzaufstellung entspricht."

Mit Recht sagt Becker, daß damit der Grundsatz der Einheitsbewertung auf Grund mittelbarer Rechnungsfaktoren „durchbrochen" ist und ähnliches führen auch Zimmermann-Mühe, Reichsnotopfer S. 212, aus.

Aber „lex ita scripta est;" der § 139 Abs. 2 RAbgO. führt überall da zu unmittelbaren, außerhalb der „Einheitsbewertung" stehenden Rechnungsfaktoren, wo nicht etwa die Vorschrift eines besonderen Steuergesetzes (§ 1 Abs. 3 RAbgO.) die Anwendung des § 139 Abs. 2 ausschließt. Daß der § 17 RNotG. eine Vorschrift enthält, die implicite den § 139 Abs. 2 RAbgO. ausschaltet, weil sie mit ihm unvereinbar ist, haben wir schon S. 40ff. erörtert.

Wir müßten also hier den § 139 Abs. 2 RAbgO. verlassen. Wir wollen diese Bestimmung aber doch erörtern und zwar aus drei Gründen:

1. § 139 Abs. 2 hat für alle Betriebsvermögen, die nicht unter § 17 RNotG. fallen, also für die Unternehmungen einzelner (wie offene Handelsgesellschaften, Kommanditgesellschaften usw.) große Bedeutung.

2. Unsere Ansicht, § 139 Abs. 2 sei für die unter § 17 RNotG. fallenden Gesellschaftsvermögen nicht anwendbar, steht im Gegensatz zu der zurzeit herrschenden Ansicht (Flechtheim, Haußmann, Lion, Rosendorff, Reichsverband der deutschen Industrie). Die für das Vermögenssteuerrecht der Aktiengesellschaften wichtigsten Fragen werden von den Vertretern der anderen Ansicht gerade bei § 139 Abs. 2 erörtert.

3. Die Ausführungsbestimmungen zum Reichsnotopfergesetz haben in dem auch für die Aktiengesellschaften geltenden Muster 9 (Zentralblatt 1920 S. 638) die Einheitslehre

ausgeschaltet, und haben eine Bewertung nach unmittelbaren Rechnungsfaktoren zugrunde gelegt. Bei diesem Ausgangspunkt der Ausführungsbestimmungen muß man also für den in ihnen enthaltenen Fragebogen gerade von der von uns nicht gebilligten Ansicht ausgehen, dem § 139 Abs. 2 sei die Weisung zu entnehmen, einen Wert als unmittelbaren Rechnungsfaktor einzusetzen. Wer so falsch fragt, kann nicht erwarten, daß der Steuerpflichtige sich der menschlichen Natur zuwider auf einen anderen, dem Steuerfiskus weit günstigeren Standpunkt stellt.

Grundsätzlich stehen wir auf dem Standpunkt, daß für die Aktiengesellschaft nur die dem Steuerpflichtigen ungünstigen unmittelbaren Rechnungsfaktoren (vgl. z. B. § 20a RNotG. und das Ausgleichsbesteuerungsgesetz) als unmittelbare anzuwenden sind, daß im übrigen aber immer die Einheitsbewertung für das gesamte Gesellschaftsvermögen gilt.

Wir wollen aber dem Umstand Rechnung tragen, daß die Ausführungsbestimmungen in ihrem Fragebogen die mittelbaren Rechnungsfaktoren beseitigt und nur unmittelbare Rechnungsfaktoren eingesetzt haben und, wenn sich auch nach unserer Auffassung die praktische Bedeutung der nachstehenden Ausführungen auf die nicht unter § 17 RNotG. fallenden Betriebsvermögen beschränkt, so wird doch bei der Veranlagung selbst die Erklärung des Steuerpflichtigen zunächst den Standpunkt der Ausführungsbestimmungen berücksichtigen müssen.

Diesen Vorbehalt für unsere eigene Auffassung schicken wir den folgenden Darlegungen voraus.

Zunächst dürfte es klar sein, daß die Verfasser des Antrags Arnstadt und Gen. für ihre Formulierung § 261 Nr. 3 Handelsgesetzbuchs benutzt haben, wo es heißt:

„Anlagen und sonstige Gegenstände, die nicht zur Veräußerung, vielmehr dauernd zum Geschäftsbetrieb der Gesellschaft bestimmt sind, dürfen ohne Rücksicht auf einen geringeren Wert zu dem Anschaffungs- oder Herstellungspreis angesetzt werden, sofern ein der Abnutzung gleichkommender Betrag in

Abzug gebracht oder ein ihr entsprechender Erneuerungsfonds in Ansatz gebracht wird."

Diese Erleichterungsvorschrift des Bilanzrechts wurde für eine Höchstbewertungsvorschrift steuerrechtlich in der oben wiedergegebenen Form benutzt.

Schon Fuisting (Ergänzungssteuergesetz S. 34) schreibt vom gewerblichen Anlage- und Betriebskapital: „Es zerfällt in zwei ihrer Bedeutung nach völlig verschiedene Gruppen: die bestimmungsgemäß dem Betriebe *dauernd* zu erhaltenden Bestandteile (*Anlage-* oder *stehendes Kapital*) wie *eigene gewerbliche Grundstücke, Gebäude* und *bauliche Anlagen,* Maschinen, Betriebsutensilien, Gerätschaften und Werkzeuge, Wasser und Zugkräfte, Patente, Verlags- usw. Rechte u. dgl.; weiter die bestimmungsmäßig fortlaufend dem Verbrauche, dem Wechsel oder der Formänderung dienenden Bestandteile (Betriebs- oder umlaufendes Kapital), wie Vorräte an fertigen Waren, Roh- und Hilfsstoffen, an Heizungs-, Beleuchtungs- und Futtermitteln, Wertpapiere, Wechsel, bares Geld, Forderungen (Außenstände) und Schulden." Die gewerblichen Grundstücke rechnet Fuisting also zum Anlagekapital, über Wertpapiere äußert er sich nicht.

Veit Simon (Bilanzen S. 327ff.) hebt hervor, daß es nicht darauf ankomme, ob ein Gegenstand dauernd dem Geschäftsbetrieb diene, sondern darauf, ob er hierzu bestimmt ist. Ändert sich der Zweck des Gegenstandes, so kann aus einem Anlageobjekt ein Veräußerungsgegenstand werden. Weiter sagt er (S. 328): „Eine Beschränkung der Vorschrift auf irgendeine bestimmte Klasse von Objekten ist nicht gegeben; das Gesetz disponiert für alle Betriebsgegenstände und exemplifiziert nur auf Anlagen. Nicht nur Grundstücke, Baulichkeiten und Maschinen und sonstige mit dem Grund und Boden verbundene Objekte können Betriebsgegenstände sein, auch Waren und Wertpapiere. Ausnahmslos werden hierher die von der Gesellschaft erworbenen rein wirtschaftlichen Güter (Kundschaft, Fabrikgeheimnisse u. dgl.) gehören." Bezüglich der Wertpapiere (S. 330ff.) hebt er als solche, die dauernd zum Geschäftsbetrieb der Gesellschaft bestimmt sind, hervor u. a.: „Aktien, welche nicht zum Zwecke der Weiterveräußerung, sondern zu einer dauernden Beteiligung bei einem Unternehmen, welches in den Geschäftskreis der Gesellschaft fällt, erworben sind.“ Dieselbe Ansicht vertritt auch Staub (9. Aufl. von Könige, Pinner, Bondi, Bd. I Anm. 3 zu § 207, S. 782 und Anm. 37 zu § 261, S. 991). Die Grundstücksfrage behandelt Staub nicht ausdrücklich; nach der Fassung der Anm. 3 zu § 207 scheint er die Anlagequalität der Grundstücke als selbstverständlich anzunehmen. Die beiden wichtigsten Fragen, die wir hier vom Standpunkt unmittelbarer Berechnung behandeln, sind zurzeit:

1. Fallen Wertpapiere unter § 139 Abs. 2 RAbgO.?

2. Fallen gewerbliche Grundstücke unter § 139 Abs. 2 RAbgO.?

Zu 1. Die Ausführungen Veit Simons über Wertpapiere, die als Portefeuillewerte eine dauernde Beteiligung darstellen, treffen auch für § 139 Abs. 2 RAbgO. zu. Auch nach der Fassung des § 139 Abs. 2 entscheidet die Zweckbestimmung. Die §§ 141, 142 RAbgO., die vom Wertansatz der Wertpapiere nach dem Kurswert bzw. nach dem Steuerkurswert handeln, enthalten die lex generalis, die insbesondere auf das Kapitalvermögen im Gegensatz zum Betriebsvermögen anzuwenden ist. § 139 Abs. 2 ist eine für das Betriebsvermögen ergangene len specialis.

Bezüglich des Anschaffungspreises wird sich aber bei unmittelbarer Berechnung gerade bei Portefeuillewerten folgendes ergeben: Wenn eine Aktiengesellschaft Portefeuillewerte unter Ausnutzung des Mehrwerts ihrer eigenen Aktien erworben hat, so pflegt sie, wenn z. B. das Umtauschverhältnis 3 : 1 war, die so erworbenen Beteiligungsanteile mit etwa 33⅓% in ihrer Bilanz aufzunehmen. Das ist aber nur ihr individueller Aufwand, nicht der Anschaffungspreis. Der Anschaffungspreis berechnet sich, falls beim Umtausch die Aktien der Muttergesellschaft 240%, die der Tochtergesellschaft 80% notierten, auf Grundlage des ausmachenden Betrages, der den Marktwert wiedergibt. Handelt es sich um nom. M. 3 Mill. Aktien der Gesellschaft B, welche von der Gesellschaft A mit M. 1 Mill. eigenen Aktien erworben wurden, so ist der Anschaffungswert M. 2400000 und nicht etwa M. 1 Mill., welche die Bilanz voraussichtlich ausweist. Unbenommen bleibt es der Gesellschaft A, darzutun, daß der wirkliche Wert (das ist dann der Kurs- bzw. Steuerwert gemäß §§ 141, 142) der Aktien B zur Zeit der Bilanzaufstellung niedriger war als M. 2400000. Für diese Berechnung wird das Heraussuchen von Kurszetteln aus dem vorigen Jahrhundert recht häufig nötig werden.

In dem Fragebogen der Ausführungsbestimmungen heißt es unter VII: „Sind die Wertpapiere in der unter A bezeichneten Bilanz mit den veröffentlichten Steuerkursen oder Steuerwerten berücksichtigt worden oder mit welchem Werte sonst?“ Die Antwort ist nach § 139 Abs. 2 zu erteilen, weil der Posten als unmittelbarer Rechnungsfaktor in den Ausführungsbestimmungen ermittelt wird.

Für Wertpapiere gibt es innerhalb des Betriebsvermögens drei Bewertungsmöglichkeiten:

1. gemäß § 139 Abs. 2 RAbgO. (z. B. eine Aktiengesellschaft für Verkehrswesen hat dauernde Beteiligungen durch Besitz von Aktien verschiedener Kleinbahnen im Portefeuille);

2. unter Gesichtspunkt der „Einheit“ § 137 Abs. 2 RAbgO. (z. B. ein Unternehmen, das Aufträge von Behörden erhält, muß für Kautionszwecke sich ständig einen Posten mündelsicherer Papiere halten, oder eine Bank, die einen Kurs zu regulieren hat, muß sich einen Bestand von 100-Thlr.- oder 200-Thlr.-Stücken des Papiers halten) (wir halten grundsätzlich nur die Einheitsbewertung für zulässig);

3. nach dem gemeinen Wert (z. B. zwecks Verzinsung des Geldes gekaufte Wertpapiere wie Kriegsanleihe). Hier ist der gemeine Wert nach §§ 141, 142 RAbgO. festzusetzen.

Zu 2. Bezüglich der „gewerblichen Grundstücke“ ist die Rechtslage folgende: Die Reichsabgabenordnung enthält in den §§ 152ff. „besondere Vorschriften für die Bewertung von Grundstücken“. In § 152 Abs. 2 heißt es:

„Soweit es sich um Steuern vom Vermögen handelt und die einzelnen Steuergesetze nichts anderes vorschreiben, ist bei ... bebauten Grundstücken, die Wohnzwecken oder gewerblichen Zwecken zu dienen bestimmt sind und bei denen die Bebauung und Benutzung der ortsüblichen Bebauung und Benutzung entspricht, der Ertragswert zugrunde zu legen."

Im übrigen verbleibt es bei der Bewertung von Grundstücken nach dem gemeinen Wert (§ 152 Abs. 1) und bei dem Recht des Steuerpflichtigen (§ 152 Abs. 6) statt des Ertragswerts den Gewinn zugrunde zu legen.

In § 152 Abs. 5 sind bezüglich der Berechnung des Ertragswerts bebaute Grundstücke, die gewerblichen Zwecken zu dienen bestimmt sind, nochmals erwähnt. Deshalb spricht auch Becker (aaO. Sp. 85) davon, daß Grundstücke, die zum Betriebsvermögen zu rechnen sind, mit dem Ertragswerte „als Rechnungsposten" einzustellen sind. Strutz hat die „Veranlagung der Grundstücke zum Reichsnotopfer" (Zeitgemäße Steuerfragen 5, S. 86ff.) in einem besonderen Aufsatz behandelt, in dem er aber den § 139 Abs. 2 in diesem Zusammenhange nicht erwähnt.

Man scheint also folgendermaßen zu argumentieren: Die Sondervorschrift über die Grundstücksbewertung ist allemal lex specialis im Verhältnis zu den §§ 137—151. Dementsprechend würde also auch § 152 für das zu den gewerblichen Zwecken bestimmte Grundvermögen gelten.

Wir halten diese Auslegung nicht für zutreffend: Ein Grundstück kann sehr wohl gewerblichen Zwecken dienen, braucht aber nicht dauernd einem Betrieb gewidmet zu sein.

§ 152 spricht von einer Benutzungsart, wie sie z. B. ein Bureauhaus, ein Industriehaus usw. aufweisen; § 139 Abs. 2 spricht dagegen davon, daß ein Gegenstand — gleichgültig ob ein beweglicher oder unbeweglicher — dauernd den Zwecken eines bestimmten Unternehmens gewidmet ist, z. B. ein Bankgebäude oder die Fabrikanlage eines bestimmten Industrieunternehmens. In diesem Zusammenhang enthält § 139 Abs. 2 die Regelung eines besonderen Falles und ist daher die speziellere Vorschrift. Hierzu kommt die offensichtliche Anlehnung an den § 261 Ziff. 3 HGB., der sich zweifellos auf Grundstücke bezog. Will die Steuerbehörde das abgabepflichtige Vermögen der Aktiengesellschaft durch Berechnung unmittelbar bewerten, so hat sie sich auch bezüglich der Grundstücke, die dauernd dem Betriebe gewidmet sind, mit dem § 139 Abs. 2 abzufinden.

Für „gewerblichen Zwecken dienende Grundstücke" innerhalb eines Betriebsvermögens gibt es folgende Bewertungsmöglichkeiten:

1. gemäß § 139 Abs. 2 RAbgO. (das Fabrikgrundstück, das Verwaltungsgebäude und die sonstigen dauernd dem Betriebe gewidmeten Immobilien);

2. unter dem Gesichtspunkte der „Einheit" § 137 Abs. 2 RAbgO. z. B. ein Grundstück, das zwar zurzeit für die Einlagerung von Betriebsmaterialien, Kohlen, Vorräten aller Art dient, aber als entbehrlich verkauft werden soll;

3. nach dem gemeinen Wert oder dem Ertragswert in Anwendung des § 152 RAbgO. (z. B. das Hotel, welches eine Brauerei zwecks Vermeidung des Hypothekenausfalls erworben hat und welches sie sodann an einen Restaurateur verpachtet hat). Bezüglich der Differenzierungen vgl. Strutz am oben a. O. (Bei der Bewertung nach der „Einheit" gilt auch heute noch der vom OVG. — vgl. Fuisting II S. 82d — aufgestellte Satz: „Ausnahmen, die dahin eintreten können, daß der Wert der einzelnen Teile, z. B. der Fabrikgrundstücke in Städten mit hohen Bodenwerten, den Wert des Ganzen als solches erheblich übersteigt und deshalb für die Bewertung maßgebend ist, ändern nichts an der Regel, daß die Fabrikanlagen als Einheiten im Ganzen zu bewerten sind." Für das neue Recht vgl. Begründung zur Reichsabgabenordnung, Drucksache Nr. 759, S. 112 und § 4 RAbgO.).

Indem wir auf das für die immateriellen Werte Ausgeführte verweisen, ergibt sich bei Ausschaltung der Einheitsbewertung folgendes Gesamtbild:

§ 139 Abs. 2 RAbgO. enthält eine Bewertungsvorschrift; diese ändert an sich nichts an dem § 17 RNotG., der das gesamte Gesellschaftsvermögen als abgabepflichtiges

Vermögen bezeichnet. In zahlreichen Fällen wird gerade durch § 139 Abs. 2 bewirkt, daß der in Anwendung der Bewertungsvorschriften eingesetzte Wert den wirklichen Wert des gesamten Gesellschaftsvermögens nicht ausdrückt. Das muß also zu erheblichen Abweichungen vom Grundsatz der Gleichmäßigkeit und zu groben Verstößen gegen die im Steuerrecht anerkannten Gerechtigkeitsprinzipien führen.

Gibt es hier einen Ausgleich?

Da wird zunächst von fiskalischer Seite, wie nach den Ausführungsbestimmungen zu erwarten ist, der Versuch gemacht werden, die Folgen des Antrages Arnstadt und Genossen in der Bewertung der dauernden Anlagen ganz allgemein für alle Betriebsvermögen dadurch zu beseitigen. daß man nicht nur die Anlageobjekte an sich (absolut), sondern auch noch die Relation zwischen diesen Objekten und dem speziellen Wirtschaftsorganismus durch einen neuen, selbständig neben die aus § 139 Abs. 2 errechnete Zahl tretenden Rechnungsposten einzusetzen sucht; man will auf diese Weise ein etwaiges Agio, das den Unterschied zwischen dem gemeinen Wert und dem Anschaffungspreis zugunsten des gemeinen Werts ausdrückt, dem Vermögen als ganzem zuschlagen. In der Sache selbst kommt das aber immer darauf hinaus, daß man dieselben Objekte innerhalb einer Steuer zweimal bewertet. Eine gleich unzulässige Doppelbewertung ergibt sich, wenn man hierfür das mystische Gebiet der Immaterialisierung betritt und nun etwa „die Bedeutung, die jeder Käufer dem Unternehmen als Ganzem wegen der niedrigen Anschaffungspreise beimessen würde“, unter „immateriellen Werten“ als fiktives Aktivum einsetzen wollte. Das fällt mehr in die Lehre vom Mißbrauch des Steueranspruchs als in die von der Einheit. Man treibt auch Mißbrauch, wenn man zur Erlangung von Steuern „ihnen nicht entsprechende, ungewöhnliche juristische Denkformen“ wählt. Innerhalb derselben Steuer muß auch für den Steueranspruch der Satz gelten: „Amplius quam semel res mea esse non potest.“

Auf der anderen Seite, d. h. auf der **Seite** des **Steuerpflichtigen,** wird man ausschließlich auf § 139 Abs. 2 RAbgO. verweisen und den § 17 RNotG. ebenso, wie alles, was mit der Einheitslehre zusammenhängt, ausschalten wollen. Das führt naturgemäß zu einem dem Steuerpflichtigen günstigen Ergebnis, denn eine Vorschrift, die den sich aus § 139 Abs. 2 RAbgO. ergebenden unmittelbaren Rechnungsfaktor ergänzt, kann es nicht geben. Dazu dient eben die Einheitslehre, welche derartige unmittelbare Rechnungsfaktoren nur in Ausnahmefällen anerkennt; und sobald man diese Einheitslehre ausschaltet, wie dies auch die Ausführungsbestimmungen tun, muß man dazu kommen, durch Anwendung des § 139 Abs. 2 dem Zwecke des Reichsnotopfergesetzes zuwiderzuhandeln.

So muß sich, wie wir im einzelnen in den §§ 13, 14 darzulegen haben, folgendes ergeben: **Vom Standpunkt des Steuerfiskus aus kann man die Besteuerungsgrundlagen nicht feststellen, von dem des Steuerpflichtigen aus kann man sie weder feststellen noch berechnen.**

Im Wege der Bewertung durch unmittelbare Berechnung zerstört man die „Einheit", und deshalb ist auch kein Ausgleich denkbar[1]).

---

[1]) Die mehrfach erwähnte Eingabe des Reichsverbandes der Deutschen Industrie vom 27. Mai 1920 hat zu dem Bewertungsproblem Petita in Form von Leitsätzen aufgestellt. Wir geben diese Leitsätze nachstehend wieder. Da wir der Ansicht sind, daß § 139 Abs. 2 RAbgO. nur für die Betriebsvermögen Privater, nicht aber für § 17 RNotG. anwendbar ist, so mußte Leitsatz 5 für unsere Betrachtungen fortfallen, — wenn nicht die Ausführungsbestimmungen den § 139 Abs. 2 wiedereingeführt hätten. Der 3. Leitsatz („wirklicher Wert") hätte u. E. einen Hinweis auf den Friedenspreis zuzüglich eines für die Jetztzeit unter dem Gesichtspunkt des Dauerwertes (das ist hier der „Einheits"gesichtspunkt) angemessenen Zuschlages enthalten müssen. Die einzelnen Leitsätze lauten:

1. Leitsatz.

Die Maßgeblichkeit der Bilanzgrundsätze.

Bei der Bewertung der Betriebsvermögen ist grundsätzlich von den kaufmännischen Bilanzen auszugehen. Abweichungen sind nur in-

Fortsetzung der Anmerkung von S. 60.)

soweit zulässig, als bestimmte Tatsachen vorliegen, welche nach den Vorschriften der Steuergesetze eine von den Bilanzgrundsätzen verschiedene Bewertung erfordern.

2. Leitsatz.

Der sog. immaterielle Geschäftswert.

Die selbständige Schätzung des sog. immateriellen Wertes eines Unternehmens unabhängig von der Bilanz ist unzulässig. Ausnahmen dürfen nur gemacht werden, wenn die sog. immateriellen Werte als besondere Aktivwerte in die Bilanz selbst eingesetzt sind.

3. Leitsatz.

Der Begriff des „wirklichen" Werts.

Die Preise und Währungsverhältnisse, die mit Rücksicht auf den Stichtag des 31. Dezember 1919 festzustellen sind, können für die Ermittlung des wirklichen Wertes der in Betracht kommenden Gegenstände und Unternehmungen nicht als maßgebend erachtet werden, vielmehr ist als wirklicher Wert der Dauerwert, der den betreffenden Gegenständen und Unternehmungen innewohnt, festzustellen, und der Bewertung zugrunde zu legen. Unter „Dauerwert" ist derjenige Wert zu verstehen, der nach pflichtgemäßer Beurteilung der gegenwärtigen Wirtschaftslage unter Berücksichtigung der künftigen Entwicklung der Preis- und Währungsverhältnisse — nötigenfalls unter Anhörung von Sachverständigen — den betreffenden Unternehmungen bzw. Gegenständen für die nächsten Jahre voraussichtlich beizulegen ist, wobei von zufälligen Umständen, die an dem betreffenden Stichtage vorhanden waren, abzusehen ist.

4. Leitsatz.

Die Behandlung der eisernen Bestände.

Den dauernd dem Betriebe gewidmeten Gegenständen im Sinne des § 139 Abs. 2 RAbgO. sind die sogenannten eisernen Bestände der Unternehmungen gleichzustellen, d. h. auch bei diesen Beständen muß die Einsetzung des Anschaffungs- oder Herstellungspreises abzüglich angemessener Abnutzung zugelassen sein, eventuell die Ansetzung des wirklichen Wertes zur Zeit der Bilanzaufstellung, wenn dieser geringer ist.

5. Leitsatz.

Die Bewertung der Wertpapiere in Betriebsvermögen.

Für Wertpapiere ist der Steuerkurs insoweit nicht ohne weiteres maßgebend, als die betreffenden Papiere zum Betriebsvermögen zu rechnen sind. In diesem Falle ist die sachgemäße Bewertung entsprechend den handelsrechtlichen Bilanzgrundsätzen zulässig, ins-

(Fortsetzung der Anmerkung von S. 60 — 61.)

besondere sind dauernde Beteiligungen nach den Grundsätzen des § 139 Abs. 2 RAbgO. zu bewerten.

Jedem Leitsatz ist eine Begründung bei gefügt. ir bringen hier nur die interessante Motivierung des Leitsatzes 4 zum Abdruck.

Begründung:

Die wirtschaftlichen Unternehmungen, insbesondere die Industrieunternehmungen pflegen ein gewisses Quantum von Vorräten, insbesondere von Rohstoffen und Halbfabrikaten in stets ungefähr gleichbleibendem Umfange zu halten, ohne die eine dauernde Fortführung des Unternehmens nicht möglich ist. Eine Veräußerung dieses ständigen Vorratsbestandes kommt nur in Frage, wenn man beabsichtigt, das Unternehmen zu liquidieren oder aus einem sonstigen Grunde stillzulegen. Es verbleibt daher dieser Bestand an Vorräten, der sich ständig erneuert, aber dem Umfange nach gleichbleibt, ebenso dauernd in dem Unternehmen, wie Maschinen oder andere dem Betriebe gewidmeten Gegenstände. Es sind daher diese Bestände, die mit Recht die Bezeichnung eiserne Bestände führen, ebenso zu behandeln, wie die anderen in § 139 Abs. 2 RAbgO. umschriebenen Werte.

Daß es sich bei dieser Art Vorräten um besondere Werte handelt, bei denen es wirtschaftlich verfehlt wäre, den Verkaufspreis als solchen zugrunde zu legen, wird auch in anderen Staaten anerkannt. So bestimmt beispielsweise der neue tschecho-slowakische Regierungsentwurf über eine Vermögens- und eine Vermögenszuwachsabgabe in § 13:

„Nach den Gestehungskosten werden bewertet: Roh-, Hilfs- und Verbrauchsstoffe, sofern sie in der eigenen Erzeugung verarbeitet werden.

Nach dem Erzeugungspreis werden Halbfabrikate im Anfangsstadium der Verarbeitung angerechnet. Zu diesem Preise gehören die direkten Erzeugungskosten mit dem betreffenden dazugehörigen Anteile an den allgemeinen Produktionskosten einschließlich der Amortisation der zur Produktion dauernd bestimmten Einrichtungen."

In der Einleitung (I) wird auf § 56 RNotG. mit folgenden Ausführungen hingewiesen:

„Die Lösung des Bewertungsproblems für das Reichsnotopfer kann auch unter keinen Umständen darin erblickt werden, daß gemäß § 56 Notopfergesetzes im Falle einer zu hohen oder zu niedrigen Veranlagung zur Vermögensabgabe innerhalb dreier Jahre Berichtigungen und Neuveranlagungen sowie Richtigstellungen der auf den 31. Dezember 1919 festgesetzten Steuerkurse und Steuerwerte erfolgen

C. Kann der Vorstand der Aktiengesellschaft die Bewertung vornehmen?

§ 13.

Wir haben für die Erörterungen des zweiten Kapitels unterstellt, daß der Vorstand der Aktiengesellschaft in der Lage sei, die Aktiva und Passiva zusammenzustellen, deren Bewertung er vorzunehmen hat. Wir haben hier mit einer Unterstellung arbeiten müssen, weil er nach unserer Überzeugung in einem größeren oder älteren Betriebe nicht einmal das Inventar so anfertigen kann, daß es das „gesamte Gesellschafts-

(Fortsetzung der Anmerkung von S. 60 — 62.)

können. Abgesehen davon, daß man weder die Steuerpflichtigen noch auch die einzelnen Steuerbehörden von vornherein darüber im unklaren lassen kann, welche Bewertungsgrundsätze bei der Deklaration und der Feststellung der Steuer maßgebend sind, erscheint es auch praktisch ganz undurchführbar, die Höhe der nach dem Reichsnotopfergesetz geschuldeten Beträge während dreier Jahre völlig in der Schwebe zu lassen und womöglich bei jedem Wechsel der Konjunktur, der bei den jetzigen außergewöhnlichen Zeitumständen leicht mehrmals innerhalb dieser Periode eintreten kann, den Steuerbehörden es an die Hand zu geben, unter mehr oder weniger willkürlichen Schätzungen und mehr oder weniger sachgemäßen Beurteilungen der jeweiligen Wirtschaftslage den für das Notopfer geschuldeten Steuerbetrag herauf- oder herabzusetzen. Bei der außerordentlichen Höhe der für das Notopfer geschuldeten Beträge würde dies bedeuten, daß die Pflichtigen über den tatsächlichen Stand des ihnen verbleibenden Vermögens innerhalb dreier Jahre völlig im unklaren gelassen werden und dies würde nicht nur nachteilig auf die im Interesse der Abbürdung der Reichsschuld als wünschenswert bezeichnete sofortige Zahlung möglichst großer Notopferbeträge einwirken, sondern auch in der Zeit, in der die Betriebskapitalien für den Wiederaufbau unserer Wirtschaft im Inland und im Ausland auf das allerdringendste benötigt werden, die Unternehmungslust und die wirtschaftliche Initiative auf das empfindlichste lähmen und uns wirtschaftlich die schwersten Schädigungen zuzufügen geeignet sein."

Wir bedauern nur, daß den Verfassern das Wort „willkürlich' als das normale Beiwort der „Schätzung" so geläufig war. Daß die Schätzung der Reichsabgabenordnung ein Billigkeitsverfahren zu sein hat, hätte berücksichtigt werden können und vielleicht hätte man sich dann doch gerade für die Aktiengesellschaften von der so unpraktischen „Bewertungsmethode durch Berechnung" befreit.

vermögen" darstellt. Hat er aber — wie wir annehmen wollen- dieses Kunststück fertiggebracht, und zwar einschließlich der immateriellen Werte, so kommt er zu der Bewertungsaufgabe, immer unabhängig von der Bilanz. Haußmann hat sich hierüber wie folgt ausgelassen: „Es ist auch praktisch ein Unding, den Geschäftswert als solchen unabhängig von der Bilanz zu ermitteln und steuerlich erfassen zu wollen. Jedem, der mit den einschlägigen Verhältnissen vertraut ist, ist es ohne weiteres klar, daß, wenn man die Finanzbehörde — und noch dazu die heutigen vielfach ungeschulten neuen Steuerkräfte — vor die Aufgabe stellen würde, den Gesamtwert eines Unternehmens unabhängig von der Bilanz in freier Schätzung festzustellen, da nichts als heller Unsinn herauskommen könnte. Und aus der Feststellung der Maßgeblichkeit der Bilanzen als Richtlinie der steuerlichen Bewertung ergibt sich weiter, daß eine besondere Bewertung der sogenannten immateriellen Werte, insbesondere der Firma, Kundschaft usw. unter steuerlichen Gesichtspunkten unabhängig von der Bilanz eine Unmöglichkeit ist."

Wir halten es zunächst für ausgeschlossen, daß der Vorstand einer Aktiengesellschaft Werte als aktive Rechnungsfaktoren einsetzt, die er nach der Übung des ehrlichen Handelsstandes aktiv zu bewerten nicht vermag. Für jeden Kaufmann ist die Frage der Verbuchungsmöglichkeit auch für die Bewertungsmöglichkeit entscheidend. Er muß plötzlich für die Steuer etwas tun, was er nach seiner ganzen Schulung verabscheut: er müßte Gegenstände bewerten, die er nicht buchen kann. Derartiges hat er bisher nur von Bilanzschwindlern gehört.

Die dauernden Anlagen wird er, da die Ausführungsbestimmungen nichts anderes besagen, als unmittelbaren Rechnungsfaktor gemäß § 139 Abs. 2 RAbgO. einsetzen und sich dementsprechend an seinen Anschaffungspreis (abzüglich Abnutzung) halten. Unsere schon recht bejahrten Aktiengesellschaften kennen diese Anschaffungswerte in zahllosen Fällen gar nicht mehr. Je solider ein Unternehmen war, um so mehr war es darauf bedacht, in guten Jahren möglichst stark abzuschreiben, und zwar ist zumeist nicht auf den Anschaffungswert, sondern auf den durch die Abschreibung verminderten Buchwert abgeschrieben worden. Jetzt mutet ihm das Gesetz zu, die alten Geschäftsbücher herauszusuchen, um Anschaffungspreis, Abschreibungen und wirklichen Wert zu vergleichen. Das erscheint ihm als eine höchst unproduktive Arbeit und als eine große Belastung seines Betriebs mit neuen schweren Unkosten für Hilfskräfte usw.

Bei den unmittelbaren Bewertungen nach dem „gemeinen" Wert oder „wirklichen" Wert kommt er in einen Konflikt, für den bisher auch in der Nationalversammlung noch keine Lösung gefunden worden ist. Die Markt- und Geldverhältnisse seit dem Herbst vorigen Jahres haben jede normale Preisbildung unmöglich gemacht. Das Warenlager, das ja außerhalb der Einheit nach dem gemeinen Wert einzusetzen wäre, muß schon in der Bewertung einen Warenausgleichsposten erhalten.

Die Idee der wirtschaftlichen Einheit verkörpert sich für ihn in der Bilanz. Das Gesetz wünscht die Ausschaltung dieser Bilanz und verlangt die Einheitsbewertung auf Grund mittelbarer Rechnungsposten. Dem Vorstand einer Aktiengesellschaft ist der Begriff der mittelbaren Rechnungsfaktoren völlig fremd. Begreifen kann er nach seiner ganzen Schulung nur den unmittelbaren, zahlenmäßig feststehenden oder durch Berechnung zu ermittelnden Rechnungsfaktor. Nur an diesen ist er nach seinen Büchern gewöhnt. Deshalb kann er es wohl verstehen, daß ihm eine Abschreibung von der Steuerbehörde beanstandet wird, daß man mit ihm wegen der Bewertung der Bestände und Außenstände verhandelt, daß man ihm eines seiner Bewertungskonten als steuerpflichtige Rücklage anrechnet und ähnliches. Denn hier handelt es sich immer um zahlenmäßig feststehende, also bestimmte Rechnungsfaktoren. Aber ein unabhängig von seiner Bilanz auf Grund der Einheitslehre zu ermittelnder Geschäftswert des Unternehmens im ganzen erscheint ihm, wie Haußmann mit Recht sagt, praktisch als ein Unding. Dazu kommt noch, daß die Leiter unserer Aktiengesellschaften seit Dezennien in einer anderen Lehre geschult worden sind: nämlich in der von der Kontinuität der

Bilanzansätze. Man darf über solche psychologischen Momente und über tatsächliche Übungen, die der opinio iuris et necessitatis entstammten, nicht hinwegsehen. Es hat sich in den letzten 50 Jahren im Aktienbilanzrecht ein Gewohnheitsrecht herausgebildet, und man kann nicht plötzlich durch Steuergesetze das abschaffen, was bisher als Handelsgebrauch und als „Übung des redlichen Handelsstands" gegolten hat.

Die Bewertung durch Berechnung, wie das Gesetz sie vorschreibt, kann der Vorstand einer Aktiengesellschaft nicht vornehmen.

§ 14.

D. Der Kompromißversuch der Ausführungsbestimmungen.

Bei der Abfassung der Ausführungsbestimmungen scheint man sich schon dessen bewußt gewesen zu sein, daß die Notopfererklärung der körperschaftlichen Erwerbsgesellschaften in der von den Gesetzen vorgeschriebenen Weise nicht erlangt werden kann. Man hat sich wie folgt beholfen: Man hat die Einheitsbewertung eliminiert und hat auf unmittelbare Rechnungsfaktoren auf Grundlage der Bilanz des Steuerpflichtigen zurückgegriffen.

Von der Ausschußberatung zu § 139 RAbgO. wird (Drucksache Nr. 1460, S. 23) berichtet:

„Es wird die Frage erwogen, ob die Bewertung eines Unternehmens nicht etwa im Anschluß an die Bilanz im Interesse der Vorausberechenbarkeit der Bewertung möglich sei. Der Ausschuß gelangt im Anschluß an die Ausführungen des Regierungsvertreters zu dem Standpunkt, daß die Aufstellung der Bilanz der Ermittlung des Gewinns, nicht aber des angeblichen Wertes des Unternehmens diene, daher den Vermögenswert relativ durch Vergleichung der Anschaffungskosten mit den Abschreibungen, nicht aber absolut im Rahmen der gegenwärtigen Verhältnisse ermittle, daher andere Zwecke verfolge, als die einer Wertschätzung, so daß die vorgenommenen Abschreibungen zwar vom Standpunkt des Unternehmers aus berechtigt erscheinen könnten, aber für die Wertermittlung nicht ausschlaggebend sein dürften. Eine Wertschätzung im Anschluß an die Bilanz sei daher allenfalls brauchbar für die Besteuerung des Einkommens und des Vermögenszuwachses, nicht aber des Vermögens. Sie würden ein Privileg für denjenigen bedeuten, der Bücher führt."

So im Ausschußbericht! Und wie ist es in den Ausführungsbestimmungen zum Reichsnotopfergesetz gemacht worden? Muster 9 A Vermögenserklärung beginnt mit den Worten: „Am 31. Dezember 1919 hat das bewegliche und unbewegliche Rohvermögen (Aktivvermögen) der vorseitig benannten Firma nach der in Abschuß beigefügten Bilanz einen Wert gehabt von ...... M. Hiervon sind abzuziehen."

Die im Ausschuß der Nationalversammlung erwogene Frage scheint im Reichsrat nochmals erwogen worden zu sein, und man scheint auf Grund neuer Erwägungen zu einem neuen Standpunkt gelangt zu sein, nämlich zu dem des „Anschlusses an die Bilanz". Wendet man dagegen ein, daß dies die Steuerbilanz sei und nicht die kaufmännische Bilanz, so ist zu erwidern, daß dies der Abgabepflichtige nicht erkennen kann und daß man ihn auch nicht in einen Irrtum versetzen sollte. Man gibt sich doch in den Ausführungsbestimmungen den Anschein, daß in der „Geschäftsbilanz" alles ganz richtig erklärt werden könnte; nun fügt man unter B einen Fragebogen bei mit dem schon erwähnten Titel „Darlegung der für die Bewertung in Betracht kommenden Verhältnisse". Da kommt man wieder in der Frage I auf die Bilanzen zurück, und zwar auf die für 1919, 1918 und 1917. Man verlangt weiter unter II die etwa außer den eingereichten Bilanzen für den inneren Betrieb aufgestellten Bilanzen. Die Bilanz wird also als Erkenntnismittel für Gesagtes und Verschwiegenes bewertet.

Dann folgt unter IIIa die Frage nach den Bewertungsmethoden des Steuerpflichtigen, ob der tatsächliche Wert berücksichtigt sei, ob Unterbewertungen in den Aktiven oder Überbewertungen in den Passiven enthalten seien; unter IIIb die schon erörterte Frage nach fehlenden Aktivposten in den Bilanzen. IV revidiert, wie schon erwähnt, das Betriebsunkostenkonto für die letzten drei Jahre, V prüft die Passiva nach, VI die Abschreibung des letzten Wirtschaftsjahres, insbesondere auch Abschreibungen auf Lagerbestände, Gegenstände des Verbrauchs und sonstiges Betriebsvermögen (und zwar welches, wird hinzugefügt); VII fragt, ob die Wertpapiere mit dem Steuerkurs oder mit welchen Werten sonst eingesetzt seien; VIII interessiert sich für sogenannte „transitorische Aktiva"; IX für das Bankkonto; X für die Entschädigungsansprüche aus Liquidationen durch feindliche Länder.

Wo bleibt in diesen Ausführungsbestimmungen der Wille des Gesetzgebers, z. B. die Bewertung der immateriellen Rechte? Von den Fragen kann eine Anzahl im Normalfalle nicht beantwortet werden wie die unter IIIb und IV. Die Frage IIIa (nach den Bewertungsmethoden des Abgabepflichtigen) wird auch hierher zu rechnen sein, oder wird sich das Finanzamt mit der Antwort begnügen, die Bewertung sei geschehen wie handelsüblich?

Für den Fall, daß diese Fragen beantwortet werden sollten, scheint es Aufgabe des Finanzamts zu sein, nunmehr von sich aus das von der Bilanz losgelöste Gesellschaftsvermögen unter Berücksichtigung der Einheitslehre und der mittelbaren Rechnungsfaktoren aufzustellen. Das widerspricht an sich ebenso sehr den §§ 28 und 29 des Gesetzes wie die Grundideen des Formulars 9 der §§ 137 Abs. 2 und 139 Abs. 1 RAbgO. So darf die Mitwirkung des Steuerpflichtigen nicht beschränkt werden. Man fragt ihn nur nach wirklichen Werten, Über- und Unterbewertungen und tritt ihm nachher plötzlich mit der Einheitsbewertung entgegen.

Es wird nicht verkannt, daß man sich in den Ausführungsbestimmungen bemüht hat, zwischen dem Standpunkte des Gesetzes und den Bedürfnissen der Praxis ein Kompromiß herzustellen. Geglückt ist dieser Versuch aber nicht.

In der Nationalversammlung hatte der Reichsminister der Finanzen geäußert:

„Bei der Veranlagung kann und darf man nicht so vorgehen, daß die einzelnen Vermögenswerte in einem Unternehmen irgendwelcher Art, jedes für sich geschätzt, herausgegriffen werden und dann die Summe der einzelnen Vermögenswerte zusammengestellt wird. Bei einem solchen Verfahren käme man geradezu zu phantastischen Zahlen. Wenn ich z. B. eine Druckerei nehme und das Material zu den heutigen Preisen ansetze die Setzmaschine kostet heute neu so und soviel, eine Rotationspresse kostet so und soviel, eine Umdruckpresse so und soviel usw. — wenn ich das alles dann zusammenzähle, so hat diese Buchdruckerei ein Vermögen — ich nehme eine mittlere Buchdruckerei an — von schon über einer Million Mark, während sie dieses Vermögen gar nicht besitzt. Das wäre also wirtschaftlicher Wahnsinn. Die gesamte Schätzung muß so vollzogen werden, daß die einzelnen Vermögenswerte und Gegenstände wohl den Anhaltspunkt für die Schätzung bilden, aber daß nicht der momentane Preis des einzelnen Vermögensgegenstandes auch der Veranlagung des Vermögens als solchem zugrunde zu legen ist" (StenBer. S. 3970).

Der Reichsminister der Finanzen hat versehentlich von Schätzung da gesprochen, wo es sich nach seinem Gedankengang um eine Berechnung handelte. In den Ausführungsbestimmungen gibt man sich den Anschein, berechnen zu wollen, in Wahrheit bereitet man aber eine Schätzung vor, denn man ist sich schon in den Ausführungsbestimmungen darüber klar, daß man mit einer Berechnung nicht zum Ergebnis kommen kann. Wenn man genau hinsieht, erkennt man in der Begründung zu § 139 RAbgO., wie in den vor dem Ausschuß über den gemeinen Wert abgegebenen Erklärungen, wie in der eben zitierten Rede des Ressortministers, wie in den Ausführungsbestimmungen immer das gleiche Geständnis der Unmöglichkeit einer Bewertung durch Berechnung.

Wir sind der Ansicht, daß es bei dieser Sachlage geboten ist, die weitere Frage aufzuwerfen: Führt die Bewertung durch Schätzung zu praktisch brauchbareren Ergebnissen?

Kapitel III.

Die Bewertung durch Schätzung.

§ 15.

A. Die gesetzliche Grundlage.

Den Gegensatz zwischen der Bewertung durch Berechnung und der Bewertung durch Schätzung haben wir schon weiter oben S. 29 kurz gekennzeichnet. Dafür, daß das neue Reichssteuerrecht Berechnung und Schätzung scharf auseinanderhält, mag folgendes erwähnt werden: Das Umsatzsteuergesetz vom

26. Juli 1918 enthielt im § 22 Abs. 2--4 die Regelung eines Schätzungsverfahrens im technischen Sinne (vgl. hierzu die Ausführungen bei Popitz, Kommentar z. Umsatzsteuergesetze v. 26. Juli 1918, Liebmann 1918 S. 177—180). In dem neuen Umsatzsteuergesetz vom 24. Dezember 1919 sind diese Bestimmungen fortgefallen; das neue Umsatzsteuergesetz selbst kennt nur noch die „Berechnung“ der Steuer. Die im Falle des Eigenverbrauchs (§ 23 Abs. 1 Nr. 1 i. Verb. mit §§ 1 Nr. 2, 8 Abs. 3 und 4 UmsStG.) erwähnte „Schätzung“ bedeutet kein besonderes Verfahren, sondern eine Berechnung auf der Grundlage einer fingierten Lieferung (vgl. Popitz, Einführung, Berlin 1920, S. 21). Die Regelung eines Schätzungsverfahrens im technischen Sinne für das Umsatzsteuergesetz hatte sich erübrigt, weil mittlerweile die Reichsabgabenordnung im § 210 eine gesetzliche Grundlage der „Schätzung“ gebracht hatte (vgl. Popitz, Einführung, S. 91).

Die Reichsabgabenordnung handelt von der Schätzung im technischen Sinne im 2. Teil (Besteuerung) III. Abschnitt (Ermittlung und Festsetzung der Steuer) 2. Titel, Ermittlungs- und Festsetzungsverfahren (§§ 204—216). Da heißt es im § 210:

„Nach Abschluß seiner Ermittlungen stellt das Finanzamt die Steuer fest. Soweit es die Besteuerungsgrundlage nach seinen Ermittlungen nicht feststellen oder berechnen kann, hat es sie zu schätzen; dabei sind alle Umstände zu berücksichtigen, die für die Schätzung von Bedeutung sind.

Zu schätzen ist insbesondere dann, wenn der Steuerpflichtige über seine Angaben keine ausreichenden Aufklärungen zu geben vermag oder weitere Auskunft oder eine Versicherung an Eides Statt verweigert. Das gleiche gilt, wenn der Steuerpflichtige Bücher oder Aufzeichnungen, die er nach den Steuergesetzen zu führen hat, nicht vorlegen kann.

Wenn eine Schätzung notwendig geworden ist, weil der Steuerpflichtige Verpflichtungen, die ihm durch die Steuergesetze auferlegt sind, schuldhaft nicht genügt hat, und dies im Steuerbescheid festgestellt worden ist, ist wegen der Höhe der Schätzung nur die Beschwerde an das Landesfinanzamt zulässig. Die Frist zur Einlegung der Beschwerde beginnt mit dem Ablauf des Tages, an dem der Steuerbescheid im übrigen unanfechtbar geworden ist. Das Landesfinanzamt hat die Entscheidung bis zu diesem Zeitpunkt auszusetzen und entscheidet endgültig."

Wir wollen uns darauf beschränken, dieser Bestimmung folgende Anmerkungen beizufügen:

1. Der subsidiäre Charakter des Verfahrens.

In der Begründung zur Reichsabgabenordnung (Drucksache Nr. 750, S. 122) heißt es für das Schätzungsverfahren: „Die Bestimmung legt den Satz fest, daß die Bestimmungsgrundlagen in erster Linie festzustellen und zu berechnen sind. Soweit dies nicht möglich ist, sind sie zu schätzen." Es sei daran erinnert, daß die Schätzung als Verfahrensart subsidiären Charakter hat und eintritt, wo die Wertermittlung durch Berechnung versagt, ferner daran, daß die Schätzung in diesem technischen Sinne einer gesetzlichen Grundlage bedarf, da sie immer ein „positivrechtlicher Notbehelf" zu bleiben hat.

2. Schätzungsverfahren und Inzidentschätzungen.

Wir haben schon mehrfach darauf hingewiesen, daß „Schätzung" in diesem technischen Sinne eine Verfahrensart bedeutet und von der „Schätzung im Sinne des Sprachgebrauchs" zu unterscheiden ist (vgl. oben S. 34). In zahlreichen Bestimmungen der Steuergesetze wird eine „Schätzung" vorgeschrieben, z. B. im § 20 RNotG., der den Wert des im Ausland außerhalb der alten Grenzen des Deutschen Reichs liegenden Grund- und Betriebsvermögens in der Auslandswährung schätzen läßt, ferner im § 141 Abs. 2 RAbgO., der den gemeinen Wert von Aktien ohne Kurswert usw. „schätzen" läßt, im § 33 Abs. 2 des Grunderwerbssteuergesetzes, im § 23 Nr. 1 des Umsatzsteuergesetzes, in den Art. 26, 28 der Ausführungsbestimmungen zum Erbschaftssteuergesetz usw. Ferner sei an die Fälle erinnert, in denen ein Sachverständigengutachten sich als eine Schätzung darstellt. In allen diesen Fällen handelt es sich um Wertermittlungen, die im Laufe eines Berechnungsverfahrens in Frage stehen, nicht um ein an die Stelle des Berechnungsverfahrens tretendes besonderes Verfahren. Zwecks

Unterscheidung von den grundsätzlich auf Schätzung hinzielenden Verfahren nennen wir diese im Laufe eines Berechnungsverfahrens auftretenden Schätzungen Inzidentschätzungen.

3. Voraussetzungen des Schätzungsverfahrens.

Der § 210 RAbgO. hebt alternativ zweierlei Voraussetzungen hervor:

a) Mangelnde Feststellbarkeit der Besteuerungsgrundlage oder b) mangelnde Berechenbarkeit der Besteuerungsgrundlage

Also sowohl im Falle mangelnder Feststellbarkeit wie im Falle mangelnder Berechenbarkeit der Besteuerungsgrundlagen ist das Schätzungsverfahren gegeben. Auf die Aktiengesellschaft angewandt bedeutet dies: Sowohl wenn das „gesamte Gesellschaftsvermögen" nicht feststellbar als auch wenn der Wert dieses „gesamten Gesellschaftsvermögens" nicht berechenbar ist, hat das Schätzungsverfahren stattzufinden. Das Gesetz hat sich absichtlich des nicht sehr klaren Ausdrucks Besteuerungsgrundlage bedient. Bei Strutz „Grundbegriffe des Steuerwesens" (Berlin 1918, Vahlen S. 9) finden sich Ausführungen über die Bezeichnung „Bemessungsgrundlage" und die verschiedenen Bedeutungen dieses Begriffs, der bald den „Gegenstand der Besteuerung", also das Steuerobjekt, bald den Steuermaßstab, also bald das „wirtschaftliche Gut", bald die Wertmenge oder Größe als Eigenschaft bezeichnet. Über die Bezeichnung „Besteuerungsgrundlage" läßt sich ähnliches sagen. In den Motiven zur Reichsabgabenordnung wird zu dem Ausdruck „Besteuerungsgrundlagen" folgendes bemerkt (Drucksache Nr. 759, S. 122): „Schätzungen können unumgänglich sein, z. B. der Wert eines Grundstücks, eines Patents, des Mietswerts des eigenen Hauses. Sie können ferner notwendig sein als Schätzung eines Ertrages, der zu erwarten ist, oder als Ersatz fehlender Berechnung, z. B. als Schätzung eines erzielten Ertrags, z. B. aus der Bewirtschaftung eines Grundstücks. Damit ist aber nicht erschöpft, was das Gesetz mangels eines geeigneten Ausdrucks unter Schätzung der Besteuerungsgrundlagen versteht.

Die Steuerbehörde kann z. B. auf Grund bestimmter Tatsachen feststellen, daß jemand im vergangenen Jahre Viehhandel betrieben hat, aber für den Umfang fehlt jeder Anhalt, oder daß er am Stichtage Wertpapiere oder Geld besessen hat — er hat z. B. kurz vorher ein Depot abgehoben, verweigert aber jede Auskunft über den Verbleib.... Auch in diesen Fällen sind Art und Umfang der Bemessungsgrundlagen zu schätzen. Die Schätzung im Sinne des § 210 begreift also die Feststellung von Tatsachen auf Grund freier Beweiswürdigung und die Feststellung des Maßstabs der ziffernmäßigen Ermittlung der Bemessungsgrundlagen. Nach beiden Richtungen hin hat das Finanzamt alle Umstände, die von Bedeutung sind, zu ermitteln, gegebenenfalls also auch Beweis zu erheben."

Vergleicht man hiermit die in dem preußischen Steuerrecht über die Schätzung entwickelten Sätze (Fuisting, Grundzüge der Steuerlehre, S. 232ff.; Fuisting-Strutz, Einkommensteuer I 1, S. 412ff.; Mrozek, Handkommentar z. preuß. Einkommensteuergesetz, Köln 1914, S. 574ff.; Haußmann „Gleichmäßigkeit" S. 81), so ergibt sich folgendes Novum: Früher hatte sich die Schätzung auf Wert- und Ertragschätzungen zu beschränken. Damit waren „die Gegenstände der Schätzung erschöpft". „Über Wert- und Ertragschätzungen hinaus," so sagte Fuisting, „gibt es nichts, was zu schätzen wäre. Insbesondere bilden alle Tatsachen und tatsächlichen Zustände nicht den Gegenstand einer Schätzung, sondern sie bedürfen der Feststellung auf Grund einwandfreier Unterlagen" (vgl. auch Fuisting-Strutz I, S. 414c). Daß die Motive zur Reichsabgabenordnung diese Lehre bekämpfen wollen, zeigt das obenstehende Zitat. Da wo Fuisting sagt: „Hiermit sind die Gegenstände der Schätzungen erschöpft", ebenda sagen die Motive zur Reichsabgabenordnung: „Damit ist aber nicht erschöpft, was das Gesetz ... unter Schätzungen versteht." Der Hauptunterschied liegt in der Feststellbarkeit von Tatsachen durch Schätzung, was die Reichsabgabenordnung zuläßt, während das preußische Oberverwaltungsgericht (vgl. bei

Fuisting-Strutz aaO. S. 413 Anm. 19 und die dort bezeichnete Rechtsprechung) tatsächliche und rechtliche Vorgänge wie Zustände vom Schätzungsbereich ausschloß. Die Bedeutung der neuen Lehre wird sich vielleicht weniger auf dem Gebiete der Vermögenssteuern als auf dem der Einkommens-, Ertrags- und Umsatzsteuern zeigen.

Das von ihm angestrebte Ergebnis erreicht die Reichsabgabenordnung, indem sie alternativ mangelnde Berechenbarkeit und mangelnde Feststellbarkeit zur Voraussetzung des Schätzungsverfahrens macht.

Aus dem Verhältnis dieser beiden Voraussetzungen ergibt sich noch ein weiteres: es kann ein Schätzungsverfahren auf einen Teil des Ermittlungs- und Feststellungsverfahrens (vgl. § 204 RAbgO.) beschränkt werden in dem Sinne, daß nur „Tatsachenschätzung" eintritt ohne Schätzung zwecks Bewertung (bzw. an Stelle der Berechnung) und umgekehrt nur Schätzung zwecks Bewertung (bzw. an Stelle der Berechnung) ohne Tatsachenschätzung. Die im § 210 Abs. 1 S. 2 enthaltene Wendung: „Soweit es die Besteuerungsgrundlagen nicht feststellen usw. kann," hat restriktive Bedeutung. Aus dem Gebrauch des Wortes „soweit" ist zu folgern, daß im Ermittlungsverfahren ein Teil als Schätzungsverfahren geführt werden kann, z. B. bei der Veranlagung zur Einkommensteuer, wenn etwa alle Einkünfte bis auf einen Posten (Einkommen aus Arbeit) feststehen.

4. Verursachung der Mängel.

Der § 210 beschäftigt sich auch mit den Momenten, welche die mangelnde Feststellbarkeit oder die mangelnde Berechenbarkeit herbeigeführt habe. Er unterscheidet zwei Verursachungsgruppen, im Hinblick auf das Verhalten des Steuerpflichtigen:

a) den casus impotentiae: das Unvermögen des Steuerpflichtigen über seine Angaben ausreichende Angaben zu machen (§ 210 Abs. 1);

b) den casus noluntatis, die schuldhafte Nichterfüllung von Verpflichtungen, die dem Steuerpflichtigen durch die

Steuergesetze auferlegt sind. Das Verschulden ist in dem (dieserhalb selbständig angreifbaren Arg. § 210 Abs. 3 S. 1) Steuerbescheide festzustellen.

Hieraus ergibt sich weiter folgende Unterscheidung: Wie schon in unserer Einleitung zur Reichsabgabenordnung (Guttentagsche Sammlung Deutscher Reichsgesetze Nr. 143 S. 31 Nr. 5) hervorgehoben, kennt der § 210 zweierlei Schätzungsverfahren und nur im zweiten Fall, nämlich dann, wenn auf seiten des Steuerpflichtigen der casus noluntatis im Sinne der schuldhaften, d. h. hier der böswilligen oder grob nachlässigen Nichterfüllung seiner Steuerschuldnerpflicht vorliegt, ist das Verfahren odiös. Bei der Ausschußberatung der Reichsabgabenordnung (Drucksache der Nationalversammlung Nr. 1460, S. 32) wurde darauf hingewiesen, daß für das „odiöse Schätzungsverfahren", also für die in dem Verlust der Rechtsmittel peinliche Wirkung ein höherer Grad des Verschuldens erforderlich sei. Hierauf erläuterte der Regierungsvertreter den § 210 Abs. 3 im Sinne der im Ausschuß gegebenen Anregung. „Schuldhaft" ist daher im Sinne der Böswilligkeit und groben Nachlässigkeit einschränkend auszulegen.

Im ersten Falle dagegen, im casus impotentiae, ist das „Verfahren mit Wohlwollen dem Steuerpflichtigen gegenüber durchzuführen. Es ist z. B. an Kriegsteilnehmer zu denken, die für Vermögensaufstellungen die Besteuerungsgrundlagen nicht beibringen können, weil ihnen Papiere bei dem großen Rückzug im Jahre 1918 abhanden gekommen sind.... Ferner ist z. B. für die Umsatzsteuer an Berufe zu denken, in denen Aufzeichnungen, die als sichere Besteuerungsgrundlage gelten könnten, nicht üblich sind (z. B. im Anwaltsbureau)" (so bei Guttentag Nr. 143, S. 32). Unrichtig ist es, wenn Koppe-Varnhagen (Ges. über das Reichsnotopfer, Berlin 1920, S. 166) generell vor der Schätzung warnen und meinen, „es empfehle sich nicht für den Pflichtigen, es durch unzulängliche Aufklärung zu einer Schätzung kommen zu lassen, da dann die Rechtsmittel sehr beschränkt seien." Das trifft nur für den Fall der odiösen Schätzung zu.

5. Das Schätzungsverfahren als Billigkeitsverfahren.

Aus einer etwaigen Übertreibung der durch die Motive zur Reichsabgabenordnung (vgl. die oben unter 3 zitierte Stelle aus Drucksache Nr. 759 S. 122) gegebenen Anregungen und wie schon aus der neuen Lehre von der Tatsachenfeststellung im Schätzungsverfahren drohen dem Steuerpflichtigen Gefahren. Deshalb ist folgendes zu betonen: Das Schätzungsverfahren der Reichsabgabenordnung ist kein Verfahren zwecks Schätzung nach Willkür, sondern ein justizmäßig zu führendes Billigkeitsverfahren.

a) Der Billigkeitsgrundsatz.

Für das Schätzungsverfahren gilt insbesondere der § 6 RAbgO.: „Wo im Sinne des Gesetzes die Behörden die Entscheidung nach ihrem Ermessen zu treffen haben, hat sie nach Recht und Billigkeit zu erfolgen.“ Fuisting-Strutz (I 1, S. 415) drücken dies für die Schätzung dahin aus, daß „es Sache der Veranlagungsbehörden sei, auf Grund ausreichender und zuverlässiger Schätzungsunterlagen die Schätzung nach bestem Wissen und Gewissen vorzunehmen“.

Daß der Verfasser der Reichsabgabenordnung, der Reichsfinanzrat Becker, sich mit Gedanken aus der Lehre des Billigkeitsrechts besonders angefreundet hat, zeigt sein Aufsatz in der Deutschen Juristenzeitung vom 1. Januar 1920, wo er sich zur Verteidigung des so heftig bekämpften § 5 RAbgO. (Mißbrauch von Formen des bürgerlichen Rechts zwecks Steuerminderung) auf einen Satz des englischen Equity-Rechtes beruft. Wir wollen seinem Beispiel folgen und schon an dieser Stelle zwei Maxime des englischen Equity-Rechts nennen, deren Anwendung sich gerade beim Schätzungsproblem bewähren müßte. Die eine wendet sich an den Steuergläubiger, den Fiskus, und lautet: „Equity imputes an intention to fulfil an obligation“; die andere richtet sich an den Steuerschuldner, den Steuerpflichtigen und besagt: „he who seeks Equity must do Equity“. Gerade der erstgenannte Billigkeitsgrundsatz ist in der Schätzungsrechtsprechung des preußischen Oberverwaltungsgerichts (Entsch. i. Staatssteuers. II 104, IV 177), die immer von dem Gedanken der Billigkeit geleitet war, Leitsatz gewesen und hat bewirkt, daß willkürliche Höherschätzungen insbesondere Schätzungen, in denen der Zensit aus einer Partei zu einem Steuerobjekt gemacht würde, als unzulässig verworfen wurden.

Über die Grundprobleme des Billigkeitsrechts können wir uns hier nicht ausführlich verbreiten, wir müssen uns auf einige Bemerkungen beschränken: Sowie dieses Problem berührt wird, melden sich zahlreiche Juristen, die sich gegen die Unbestimmtheit wenden, die auf die aus dem Mangel der „Voraussehbarkeit einer Entscheidung" drohenden Gefahr der Rechtsunsicherheit hinweisen, die z. B. auf dem Gebiete des Zivilrechts zu einer „Krisis der Vertragstreue" geführt habe usw. An anderer Stelle (Friters Revolutionsgewalt und Notstandsrecht, Berlin 1919 bei J. Guttentag, S. 31) wurde bemerkt: „Der deutsche Jurist ist positivistisch erzogen. Er kennt sein geschriebenes Recht, seine Gesetze, die Kommentare und die Entscheidungen. Zumeist kennt er nur das Privatrecht, denn das ist seine Schulung gewesen.... Wesensfremd ist ihm aber die Mentalität der anglo-amerikanischen Juristen. Und gerade ihnen gegenüber hat unser Positivismus im Kriege seine Schwächen gezeigt. Bei uns das Schöpfen aus dem positiven Recht, die Verehrung der Kodifikation, die Bindung des Richters, und bei den Feinden die geringe Wertung des geschriebenen Rechtes, das Schöpfen von Argumenten aus der Vernunft und der Natur der Sache, die freie Stellung des Richters und die Verehrung vor dem Richterspruch." So kennt unser deutscher Ziviljurist, von des Herrn Professor Gradenwitz Lexikon treulich geführt, wohl die Stellen des BGB., die vom „billigen Ermessen" handeln wie z. B. § 315 BGB., oder von einem „Billigkeitsurteil" wie § 829 BGB.; er nennt in diesem Zusammenhang vielleicht auch den § 287 ZPO. mit der dort vorgesehenen „eidlichen Schätzung" des Schadens oder des Interesses; das Billigkeitsproblem als solches aber weist er Freirechtlern, Rechtsphilosophen usw. zu und die aequitas des römischen Prätors bedrückt ihn als Examenserinnerung[1]).

[1]) Der Zusammenhang des im Zivilrecht jetzt so häufig behandelten

Dabei übersieht er vollkommen, welche bedeutsame Rolle Billigkeit und Billigkeitsrecht bei uns schon seit langer Zeit im öffentlichen Recht spielen. Schon im Jahre 1876 schrieb Gneist in seinem „Rechtsstaat" (S. 272) bei der Erörterung der aequitas und iniquitas: „Diese Relativität der Verwaltungsrechtsnormen mag dem an exakte zivilistische Begriffe gewöhnten Sinne nicht sympathisch sein, aber sie ist unabänderlich." Einer unserer weisesten Staats- und Verwaltungsrechtler Otto Mayer, der seine Abneigung gegen alles „Leichtbeschwingte" mit der ihm eigenen Ironie (vgl. Archiv d. öffentl. Rechts 39. Bd., S. 107) bekundet hat und der sich gewiß nie und nimmer zu irgendeiner Freirechtlergruppe bekennen wollte, hat in seinem „Deutschen Verwaltungsrecht" (2. Aufl. Bd. 2, S. 451ff., 684, 704) die Bedeutung des aus Rücksichten der Billigkeit geschaffenen Rechts im Rahmen des öffentlichrechtlichen Problems der ausgleichenden Entschädigung dargelegt. Die Billigkeit ist ihm gleichbedeutend mit der aequitas der Römer. „Danach steht die Billigkeit neben dem jeweils geltenden Recht mit gewissen Forderungen, denen das Recht nicht notwendig von selbst entspricht. Sie vertritt das „utile, humanum und benignum (Otto Mayer, Justa causa, S. 6)", hat die „Richtung auf das Milde, Schonende, Humane (Regelsberger)" und bezeichnet so ein „Ideal, nach dessen Verwirklichung das Recht zu streben hat (Windscheid-Kipp)". „Naturrecht" und „richtiges Recht" sind verwandte Begriffe. Das gibt natürlich wenig Greifbares, sondern läuft, wie Regelsberger und Windscheid nicht verkennen, auf eine Gefühlssache hinaus. Das aequum, das Billige oder wie man auch sagt, Gerechte, kann aber zu bestimmten Sätzen sich verdichten, die gelten wollen für ein gewisses Gebiet menschlicher Verhältnisse. Die eignen sich dann unmittelbar, zu einem Rechtssatz den Stoff zu liefern, und liefern ihn auch. Wie? Das ist natürlich zu untersuchen. Damit sind wir aus dem Gefühlsleben heraus und auf dem Boden der Rechts-

Problems der clausula rebus sic stantibus mit dem öffentlichen Recht und den in diesem entwickelten Billigkeitsgrundsätzen kann hier nicht erörtert werden.

wissenschaft angelangt. Die Billigkeitsforderung wird Billigkeitsrecht" (Note 10 zu S. 521)[1]). Diese Ausführungen sind das Fundament, auf dem Otto Mayer[1]) seine Lehre von dem Ausgleich des Vermögensnachteils, den die Einwirkung der öffentlichen Gewalt einem einzelnen zugefügt hat, von der „ausgleichenden Entschädigung" aufbaut. Ähnliche Gedankengänge finden sich in Lehren von der Billigkeit auch bei Bernatzik (Rechtsprechung 1886; Grünhuts Zeitschrift Bd. 18, Jahrg. 1891 S. 156ff.), bei W. Jellinek (Gesetz, Gesetzesanwen-

[1]) Den Zusammenhang der Billigkeitslehre auf der alten naturrechtlichen Doktrin betont auch Otto Mayer S. 526 und Anm. 12, wo er Gierkes Johannes Althusius zitiert. Es sei aus Gierkes Althusius hier die prachtvolle Stelle angeführt, die manchen Nurpositivrechtler das Verständnis für die Lehre von dem zu unrecht aprioristisch gescholtenen (vgl. Friters aaO., S. 48ff., 71ff., 179; S. 17) Rechte im materiellen Sinne, das in der Idee der Gerechtigkeit wurzelt, erleichtern möge (Althusius S. 179): „Wenn es auch fernerhin ein Recht geben soll — ein Recht, das sich nicht bloß mit dem althergebrachten wohltönenden Namen schmückt, sondern der Ausdruck einer spezifischen, nur sich selbst gleichen und in sich wertvollen Menschenidee ist — so bietet sich eine andere geschichtliche Perspektive dar. Dann sind in der Tat dem Rechtsgedanken aus dem Naturrecht unverlierbare Errungenschaften gewonnen worden, welche von der historischen Auffassung nicht preisgegeben, sondern verallgemeinert sind und welche in allen Wandlungen und Läuterungen der Rechtsauffassung nicht untergehen können. Denn dann wird die Idee der Gerechtigkeit jene Selbständigkeit, die im Begriffe des Naturrechts erkämpft wurde, auch im Begriffe des durchweg positiven Rechts sowohl gegenüber der Idee der gesellschaftlichen Nützlichkeit, als gegenüber der Idee der kollektiven Macht immerdar behalten." Die Billigkeitslehre hat sich als Produkt dieser Gedankengänge auch im Begriffe des „durchweg positiven Rechts" bei den Staatsrechtlern erhalten. Gerade bei dem neuen Reichssteuerrecht ist zu befürchten, daß die nur zivilrechtlich geschulten Juristen, die jetzt frisch in die neue Materie hineinsteigen, diese allgemeinen Lehren übersehen oder mißachten. Nie hat die Staatsgewalt so in die Rechte der Volksgenossen eingegriffen, wie die Finanzgewalt des Deutschen Reiches es in unserer Epoche der Finanznot tut. Wir wollen aber kein „Finanzstaat" oder „Finanzpolizeistaat" werden, sondern Rechtsstaat bleiben auch in der Finanznot und im Finanzrecht. „Billigkeitsforderung" hat deshalb „Billigkeitsrecht" zu sein.

dung und Zweckmäßigkeitserwägung, Tübingen 1913, S. 53ff., 72ff.); ferner bei Fritz Haußmann („Gleichmäßigkeit", S. 1, 5ff.), dessen Verdienst es ist, im „Rechtsgrundsatz der Gleichmäßigkeit" die Erörterungen dieser Probleme für das Steuerrecht in neuester Zeit angeregt zu haben, wenngleich er mit dem Begriffe der Billigkeit selbst nicht operiert. Wenn er unter IV „die Ungleichmäßigkeit vor dem Gesetz (insbesondere das Schätzungsproblem)" behandelt, so legt er in Wahrheit auf Grund der Rechtsprechung das Oberverwaltungsrecht dar, welches Billigkeitsrecht den Steuerpflichtigen bisher vor mißbräuchlicher Anwendung des Schätzungsverfahrens und vor willkürlicher Höherschätzung gesichert hat.

Daß gerade das Billigkeitsrecht seit der Beendigung des Krieges in das deutsche Recht stark eingedrungen ist, kann gar nicht übersehen werden. Was ist die Verordnung über die Abgeltung von Ansprüchen gegen das Reich vom 4. Dezember 1919 (RGBl. S. 2146 und vgl. hierzu Jur. Wochenschrift 1920 die Aufsätze von Reimer und Freudenstein) anderes als die Umwandlung von Billigkeitsforderung in Billigkeitsrecht? In dem „Reichswirtschaftsgericht" haben wir, was jeder weiß, der einmal vor diesem Gericht gewirkt hat, ein neues „Equity"-gericht erhalten. Ebenso beruht das neue Reichsausgleichsgesetz auf dem Gedanken der Billigkeit; man lese z. B. den § 55 Abs. 2: „Bei der Entscheidung sind die Interessen beider Vertragsteile zu berücksichtigen und gegeneinander abzuwägen." Das Ausgleichsbesteuerungsgesetz wiederum beruht nicht nur auf dem Gedanken der Beschaffung finanzieller Deckungsmittel, sondern es soll Lasten und Vorteile der einzelnen „ausgleichen" zwischen dem besonders Interessierten und „allen übrigen". Auch die Vorschriften, wie sie § 16 RNotG. (vgl. auch § 50 Abs. 4 dieses Gesetzes usw.) oder § 16 EinkStG. bezüglich der Ausgleichspflicht bei gemeinschaftlicher Veranlagung mehrerer Personen zu einer Steuer (Zusammenrechnung des Vermögens bzw. des Einkommens der Ehegatten) sind Billigkeitsnormen. Endlich denke man an die zahlreichen „Härteparagraphen" der Steuergesetze.

Es ist daher nicht als eine legislatorische Phrase, sondern als Merkzeichen der jetzigen Rechtsentwicklung anzusehen, wenn § 6 RAbgO. auf „Recht und Billigkeit" verweist und damit grundsätzlich gerechte Entscheidungen auch da verlangt, wo das Ermessen waltet. Zutreffend sagt W. Jellinek (aaO. S. 72): „Die Entscheidung nach Billigkeit ist kein freier Akt der Staatsgewalt. Billigkeit und Zweckmäßigkeit werden oft in einem Atemzuge genannt zum Schaden der Klarheit; die billige Entscheidung allein ist immer gerecht, die zweckmäßige nur manchmal.... Billigkeit bedeutet gerechte Abwägung mehrerer entgegenstehender Interessen nach den Wertungen der Gesellschaft."

Nur im Zusammenhang mit der Billigkeitslehre, die der § 6 RAbgO. enthält, ist der das Schätzungsverfahren regelnde § 210 RAbgO. zu verstehen.

Von dem obersten Zwecke aller einzelnen Rechtsnormen, der Verwirklichung der Gerechtigkeit ausgehend, halten wir es für erforderlich, „daß die Rechtsordnung die äußere Rechtsverwirklichung und damit die Verwirklichung der Gerechtigkeit sichert". Dazu dient im vorliegenden Fall

b) die justizmäßige Ausgestaltung des Billigkeitsverfahrens.

Materiell ist unter Schätzung „der auf freier Tatsache und Beweiswürdigung beruhende Wahrscheinlichkeitsschluß" (so Kloß aaO. S. 50) zu verstehen. Dieser Wahrscheinlichkeitsschluß erfolgt im Billigkeitsverfahren, also unter gerechter Berücksichtigung aller Umstände, „die für die Schätzung von Bedeutung sind" (§ 210 Abs. 1 S. 2 am Schluß). Justizmäßig nennen wir die Ausgestaltung einmal wegen eines negativen Momentes, das in der Ausschaltung eines freien Ermessens (nicht des Ermessens an sich) der Finanzbehörde liegt, und sodann wegen eines positiven Moments, welches zugunsten des Steuerpflichtigen die Anwendung der allgemeinen die Parteirechte sichernden Grundsätze fordert.

Daß auch Verwaltungs- und Steuerrechtspflege echte Gerichtsbarkeit und Verwaltungsgerichte Organe der Rechtspflege sind (vgl. Otto Mayer aaO. I S. 133; Fleiner, Institutionen des deutschen Verwaltungsrechts S. 230ff.), mag allen denen entgegengehalten werden, welche die Bezeichnung „justizmäßig“ auf die ordentliche Gerichtsbarkeit beschränken wollen. Auch die Steuerbehörden und Finanzgerichte stellen „justizmäßig fest, was Rechtens ist“ (vgl. Fleiner aaO. S. 237).

a) Das negative Moment (die oben bezeichnete Ausschaltung des freien Ermessens) können wir mit folgendem Hinweis erläutern: In der Billigkeitslehre des Steuerrechts spielt der Härtenausgleich eine besondere Rolle. In zahlreichen Steuergesetzen finden wir sogenannte „Härteparagraphen“, die schon Popitz (vgl. Sachverzeichnis im Kommentar zum Umsatzsteuergesetz 1918, S.445 und ferner S. 229) in „Billigkeitserlasse“ umgenannt hat, so z. B. in § 37 Umsatzsteuergesetzes vom 26. Juli 1918 (Beseitigung besonderer Härten), in § 35 Abs. 1 Grunderwerbssteuergesetzes vom 12. September 1919 (Erlaß der Steuer aus Billigkeitsgründen) usw.; es sei ferner an den Beschluß des Staatenausschusses vom 3. April 1919 (Zentralblatt v. 9. 5. 1919 und vgl. Dr. Julius Lehmann „Steuerveranlagung zum Wehrbeitrag und zur Kriegssteuer zugunsten des Steuerpflichtigen“, Härteparagraph) erinnert, an zahlreiche Ausführungsbestimmungen und Vollzugsanweisungen, die „Härten“ aus Rücksichten der Billigkeit mildern oder beseitigen wollen. Im § 108 RAbgO. findet sich der dem Reichsminister der Finanzen mitunter selbständig und mit Delegationsbefugnis, mitunter unter der Voraussetzung einer Zustimmung des Reichsrats anvertraute Billigkeitserlaß (vgl. § 108 Abs. 1 „Steuern, deren Einziehung nach Lage der Sache unbillig wäre“; Abs. 2 „aus Billigkeitsgründen“). In allen diesen Fällen ist das Billigkeitsverfahren nicht justizmäßig ausgestaltet; denn es ist in das Belieben bestimmter Behörden gestellt (wenngleich der Staatssekretär Moesle bei den Debatten über die unbillige zweimalige Einkommensbesteuerung des Jahres 1920 die Ansicht vertreten hat, für die Behörde sei auch § 108 eine Mußvorschrift). Bei der Beratung des letzten von der Nationalversammlung verabschiedeten Reichssteuergesetzes, des Ausgleichbesteuerungsgesetzes ist dieser Gegensatz zwischen justizmäßig ausgestaltetem Billigkeitsverfahren und dem Billigkeits„erlaß“

„nach Belieben der Verwaltungsbehörden" deutlich hervorgetreten. Der § 108 RAbgO. als allgemeiner „Härteparagraph" war dem Ausschuß, insbesondere dem Berichterstatter Dernburg wohlbekannt; es erschien den Abgeordneten aber als geboten, aus dem Billigkeitsrecht eine Verpflichtung des Reichsministers der Finanzen zu machen, Vorschriften zum Ausgleich der Härten zu erlassen, also ein Recht auf Billigkeit dem Betroffenen einzuräumen (vgl. Drucksachen Nr. 2973, 2974, 3405). In dem § 8 Nr. 2 Ausgleichsbesteuerungsgesetzes wird in diesem Zusammenhang von der „billigen Berücksichtigung" der Grundsätze gesprochen usw. Auch bei den Erstattungs- und Vergütungsansprüchen (§§ 127ff. i. Verb. mit § 223 RAbgO.) sind die Rechtsmittel der §§ 217—219 RAbgO. (Berufungs und Anfechtungsverfahren) gegeben, gegen Bescheide über Erstattungs- und Vergütungsansprüche, „die aus Rechtsgründen zugelassen sind". Diese Wendung „aus Rechtsgründen zugelassen" kennzeichnet ebenfalls den Gegensatz, den wir mit dem Worte „justizmäßig" ausdrücken wollen.

Das Schätzungsverfahren gemäß § 210 RAbgO. spielt sich innerhalb des Ermittlungs- und Feststellungsverfahrens ab; es soll die Grundlage für den Steuerbescheid bilden (§ 211 RAbgO. und § 210 Abs. 1 S. 1), der seinerseits gerade im Schätzungsverfahren ein „Ausspruch darüber zu sein hat, was rechtens ist", d. h. ob und inwieweit ein Tatbestand verwirklicht ist, an den das Gesetz die Steuer knüpft" (vgl. § 81 RAbgO.). Der Steuerbescheid ist immer ein Ausspruch „von Rechts wegen", auch dann, wenn er nicht in Urteilsform ergeht. Das „freie Ermessen" ist hier ausgeschaltet.

β) Das positive Moment des Justizmäßigen erblicken wir in der Parteistellung des Steuerpflichtigen und in der Sicherung seiner Parteirechte.

In der im Reichsanzeiger vom 24. September 1918 (Nr. 226) abgedruckten Begründung zur Reichsfinanzhofordnung heißt es:

„Maßgebend für die Ausgestaltung des Verfahrens ist die Stellung des Steuerpflichtigen. Dieser steht als Schuldner dem Gläubiger, nicht wie im bürgerlichen Recht und in öffentlichrechtlichen Streitigkeiten zwischen öffentlich-rechtlichen Körper

6*

schaften, z.B. in Unterstützungswohnsitzsachen, als Gleichberechtigter gegenüber, sondern ist dessen Steuerhoheit unterworfen und in der Regel der Beitreibung der Steuer vor endgültiger Prüfung seiner Verpflichtung ausgesetzt. Gegen den Steuerpflichtigen wird von Amts wegen verfahren, er ist nicht Herr des Streitstoffs, er kann über ihn nicht durch prozessuale Rechtsgeschäfte wie Geständnis, Anerkenntnis, Verzicht verfügen. Diese Eigentümlichkeiten führen dahin, das Verfahren vor dem Reichsfinanzhof als ein über die Abgabeverpflichtung der Steuerpflichtigen von Amts wegen zu betreibendes Verfahren auszugestalten, dabei aber Vorkehrungen zu treffen, die die Zuziehung des Steuergläubigers zum Verfahren gestatten."

Über die Parteirechte selbst sagt die Begründung zu § 11 (Spruchverfahren): „Beschwerdeberechtigt ist selbstverständlich derjenige, dem eine der ... Abgaben abgesondert wird", ferner bezeichnet die Begründung zu § 21 den Steuerpflichtigen als „immer am Verfahren beteiligt".

Vielleicht wird man der Begründung zur Reichsfinanzhofordnung dann gerecht, wenn man unterstellt, daß ihr Verfasser nur die eine Seite des „Abgabenverhältnisses" hat betonen wollen, nämlich die „obrigkeitliche"[1]), während er zu der Parteistellung des Steuerpflichtigen nicht hat Stellung nehmen wollen. Mit Recht hat Haußmann (Deutsches Steuerblatt Januar 1919 S. 156) Schneiders „Abgabegewaltverhältnis" bekämpft und die Lehre von der „Wechselseitigkeit von Rechten und Pflichten im Abgabeverhältnis" aufgestellt.

Der Steuerpflichtige hat den publizistischen Anspruch auf das gesetzmäßige Verhalten der Steuerbehörde, der Rechtsanspruch insoweit ist, als die Rechtsordnung die Verwirklichung dieses Anspruchs durch (justizmäßige) Entscheidung sichert; daß diese Entscheidung selbst nicht einem ordentlichen Gericht, zuweilen auch nicht dem Finanzgerichte im weitesten Sinne, sondern einer Finanzbehörde zugewiesen ist, ändert

[1]) Überall, wo Rechtsverwirklichung gewährleistet ist, kann man im öffentlichen Rechte die subjektiven öffentlichen Rechte im einzelnen benennen („Recht auf — . . ."), wie früher im Zivilrecht die Aktionen. Die eigentliche Aufgabe des Rechtsstaates erblicken wir darin, „die äußere Rechtsverwirklichung und damit der Verwirklichung der Gerechtigkeit zu sichern" vergl. Friters aaO. S. 72, 182; für das Steuerrecht vergl. aber Schachian aaO. S. 17; von dem „Obrigkeitlichen", das in der alten Theorie des subjektiven öffentlichen Rechtes steckt, sollte man sich doch jetzt endlich befreien.)

nichts daran, daß das Recht auf Entscheidung besteht. § 224 RAbgO. läßt, soweit nicht Berufungs- oder Anfechtungsverfahren gegeben sind, ganz allgemein die Beschwerde (§ 281) gegen alle Verfügungen von Finanzbehörden zu. Damit ist der Grundsatz des im „Recht auf Rechtsschutz" liegenden Anspruches auf Verwirklichung durch Entscheidung gesichert. In einer Beziehung versagt die Regelung. Die Verordnungen und Erlasse des Reichsministers der Finanzen fallen nicht unter § 224 RAbgO., es existiert auch bisher kein Gerichtshof im Reich, der über Rekurse gegen Reichsministerialentscheidungen zu entscheiden hätte (vgl. hierzu Friters aaO. S. 45 und dort angeführte Äußerungen von Gneist und Bährer; vgl. auch OVG. Bd. 44 S. 405ff.). Auch der Entwurf zur Errichtung des Reichsverwaltungsgerichts hat hierfür keine Regelung vorgesehen. Dafür, daß gerade im Reichsfinanzrecht ein solcher Rekurs gegen Reichsfinanzministerialerlasse an ein Gericht (warum soll denn der Reichsfinanzhof nicht dazu berufen sein?) hätte vorgesehen werden müssen, hat die (finanzpolizeiliche) Entwicklung dieses Jahres ein Beispiel gezeigt. Unter dem 14. Januar 1920 erschien die zweite Verordnung über „Maßnahmen gegen die Steuerflucht" (Beschränkung der Ausübung der Depot- und Depositengeschäfte, § 1); nach dem einleitenden Texte ist diese Verordnung auf Grund des § 7 des Gesetzes gegen die Kapitalflucht erlassen; der § 7 des Gesetzes vom 8. September 1919 gibt aber gar nicht dem Reichsminister die Ermächtigung, die Gewerbefreiheit einzuschränken (und der Friedensvertrag noch weniger); außerdem gilt bei uns polizeirechtlich und auch im Reich als ungeschriebener Grundsatz die Norm, daß „etwas an und für sich Erlaubtes nicht verboten werden darf, um damit etwas Unerlaubtes zu verhindern" (vgl. Friedrichs, Das Polizeigesetz v. 11. März 1850, Berlin 1911, S. 268 Anm. 11). Die Ungültigkeit dieser finanzpolizeilich durchdachten Verordnung vom 14. Januar 1920 konnte gar nicht bezweifelt werden, und das Bedürfnis, diese Ungültigkeit darzutun, blieb bestehen, obwohl man die Verordnung wohl nur in vorsichtiger Auswahl angewandt hat. Hier versagt also der publizistische Anspruch; aber gerade an diesem Punkte (Rekurse gegen Ministerialentscheidungen) ließ unser Rechtsstaat (vgl. Friters aaO. S. 45) schon immer eine gewisse Rechtlosigkeit bestehen.

Die Steuerbehörde auf der anderen Seite hat den Steueranspruch (bzw. den Steuersicherungsanspruch) nach Maßgabe des Gesetzes aber nur nach dieser. Dem Satz „Jede steuerartige Leistung bedarf der Begründung durch Gesetzesvorschrift" haben sich Steuergläubiger wie Steuerschuldner zu fügen. Die gleichmäßige Unterwerfung beider unter diesen Satz schafft im Steuerrecht die Gleichstellung der Parteien. Das Steuerrecht setzt der Staat und unterwirft diesem Rechte die Finanzbehörde wie den Steuerschuldner. Die Finanzbehörde übt auch wieder nur nach Maßgabe der Gesetze diejenige Finanzgewalt aus, der die Steuerpflichtigen unterworfen sind.

Zur Ausübung der Finanzgewalt gehört die Ermittlung und Feststellung der Steuer. Schon in diesem Stadium zeigt es sich, daß der Steuerpflichtige nicht nur Objekt des Verfahrens, nicht nur Gewaltunterworfener ist. Der Steuerpflichtige ist, wie es in den Motiven zur Reichsabgabenordnung (S. 114) heißt, „dazu berufen, bei der Veranlagung mitzuwirken". Man kann dies gewiß auch als Pflicht des Steuerpflichtigen bezeichnen; daß die Betonung des Rechts auf Mitwirkung wichtig ist, zeigt § 205 Abs. 4 RAbgO., wo es heißt: „Wenn von der Steuererklärung abgewichen werden soll, sind dem Steuerpflichtigen die Punkte, in denen eine wesentliche Abweichung zu seinen Ungunsten in Frage kommt, zur vorherigen Äußerung mitzuteilen." In diesen Zusammenhang gehören ferner die §§ 168 (Steuererklärung), 172 (schriftliche Mitteilung der Punkte, über die der Steuerpflichtige sich äußern soll, in Verbindung mit der Ladung vor das Finanzamt), 205 (schriftliche Aufforderung zur Ergänzung von Lücken und Beseitigung von Zweifeln). Bei der Tatbestandsermittlung selbst normieren §§ 206ff. RAbgO. gewisse Parteirechte für den Steuerpflichtigen (Ablehnung von Prüfern, Anspruch auf Respektierung ordnungsmäßig geführter Bücher usw.). Ein allgemeines Recht, das der Parteistellung entspricht, gewährt § 73 RAbgO., das Recht auf „Bekanntgabe" der Verfügungen (Entscheidungen, Beschlüsse, Anordnungen). In allen diesen Momenten drückt sich das Recht auf Mitwirkung aus, das in seiner praktischen Auswirkung das Recht, auf Verlangen gehört zu werden, in sich schließt.

Wir haben diese Regelungen, die wir keinesfalls für eine ideale Normierung der Parteistellung halten, hier kurz erwähnen zu müssen geglaubt, weil oft die Ansicht geäußert wird, das Schätzungsverfahren sei ein die Parteirechte ausschaltendes Kontumazialverfahren des Steuerrechts. Das ist ganz irrig. Keine Vorschrift der Reichsabgabenordnung besagt derartiges; die Parteistellung im Ermittlungsverfahren bis zum Erlaß des Steuerbescheids ist im Schätzungsverfahren genau dieselbe wie im sonstigen Verfahren. Aus dem § 73 RAbgO. ist nur etwas zugunsten des Steuerpflichtigen zu folgern: Auch die Verfügung, durch die das Schätzungsverfahren angeordnet wird, bedarf der Bekanntgabe an den Steuerpflichtigen. Gerade wegen der etwaigen Feststellung des Verschuldens nach § 210 Abs. 3 RAbgO. und der dem Steuerpflichtigen hierbei drohenden Rechtsnachteile ist das Schätzungsverfahren als solches dem Steuerpflichtigen ausdrücklich bekanntzugeben. Andernfalls leidet das Verfahren an einem wesentlichen Mangel.

Als ein weiterer Ausfluß der Parteistellung stellt sich das Recht auf Einlegung eines Rechtsmittels, der Anspruch, auf Nachprüfung der Entscheidung dar. In diesem Punkt (und nur in ihm) ist das Schätzungsverfahren und auch wieder nur im Falle des Verschuldens nach § 210 Abs. 3 odiös. Wegen der „Höhe der Schätzung" ist dann nur die Beschwerde an das Landesfinanzamt zulässig. Das bedeutet praktisch, daß bei einem Einspruch oder im Berufungsverfahren (vor dem Finanzgericht) über die Höhe der Schätzung nicht verhandelt werden darf. Über alle anderen Punkte ist zu verhandeln, insbesondere auch über die im Steuerbescheid ausdrücklich festzustellende Frage des Verschuldens. Verneint das Finanzgericht die Frage des Verschuldens, so ist auch über die Höhe der Schätzung im Berufungsverfahren neu zu entscheiden[1]).

[1]) Zu beachten ist, daß die Bewertungen auf Grund der Schätzungen gewöhnlich auf dem Gebiete des Tatsächlichen liegen und daß deshalb

Daß die Verweigerung einer eidesstattlichen Versicherung keine Verkürzung der Rechtsmittel zur Folge hat (vgl. Becker aaO. Sp. 87 zu § 210 Abs. 3, 4), sei noch erwähnt.

Wir glauben, mit diesen Ausführungen dargetan zu haben, daß auch das Schätzungsverfahren justizmäßig ausgestaltet ist, und daß die oft auftauchenden Behauptungen über die Umkehrung der „Beweislast" (die schon wegen des § 204 RAbgO. nicht in Frage kommen kann), über die Verwendung von Fiktionen oder dem Steuerpflichtigen ungünstigen Vermutungen keinerlei Grundlage im Gesetze finden. Auch im Schätzungsverfahren hat das Finanzamt dieselbe Verpflichtung zur Offizialermittlung wie sonst, es hat auch hier zugunsten des Steuerpflichtigen das Tatsachenmaterial zu prüfen (§ 204 RAbgO.).

6. Das Recht auf das Schätzungsverfahren.

Entscheidet über die Einleitung des Schätzungsverfahrens nur das Belieben des Finanzamtes oder kann auch der Steuerpflichtige verlangen, daß die Schätzung im Sinne des § 210 erfolge? Im § 210 heißt es: „Soweit das Finanzamt die Besteuerungsgrundlage nach seinen Ermittlungen nicht feststellen oder berechnen kann, hat es sie zu schätzen." Damit ist für das Finanzamt eine Mußvorschrift gegeben, von der es

die Rechtsbeschwerde an den Reichsfinanzhof nur zulässig ist, „wenn dargetan wird, daß die Berufungsentscheidung mit einem wesentlichen Mangel im Verfahren oder mit einem Rechtsirrtum behaftet ist" (vgl. Mrozek, D. Steuerbl., 2. Jahrg. S. 327; vgl. auch OVG. XVII, S. 431 Abs.3. Die Ausführungen im Ausschußbericht zur RAbgO., Drucks. Nr. 1460 S. 23, beziehen sich nur auf die Inzidentschätzungen). Mit der Rechtsbeschwerde kann aber ferner dargetan werden, daß Momente, die das Ergebnis zu beeinflussen imstande waren, bei der Schätzung unberücksichtigt geblieben sind und ferner, daß Momente berücksichtigt wurden, die für die Schätzung ohne Bedeutung zu sein hätten. (Vgl. § 210 RAbgO. und vgl. ferner Entsch. d. Reichsfinanzhof I, S. 54, wo der Reichsfinanzhof in diesem Sinne von Rechtsverletzungen nach früherem Rechte handelt). Diese Anmerkung gilt auch für die unter 7 zu erwähnenden Schätzungsmethoden.

nicht abweichen kann. Nach dem oben über die allgemeine Parteistellung im Steuerrecht Ausgeführten hat der Steuerpflichtige einen publizistischen Anspruch darauf, daß ihm gegenüber gesetzmäßig verfahren werde. Er kann also verlangen, daß Schätzung gemäß § 210 erfolge, wenn die Voraussetzungen vorliegen. Dieses Verlangen wird er in Form eines Antrags stellen, über den das Finanzamt zu „verfügen" hat. Lehnt das Finanzamt den Antrag ab, so hat der Steuerpflichtige das Rechtsmittel der Beschwerde (§§ 224, 281 RAbgO.). Das Finanzamt kann der Beschwerde abhelfen. Will es dies nicht tun, so hat es die Beschwerde dem Landesfinanzamt vorzulegen. Gegen die Beschwerdeentscheidung des Landesfinanzamtes ist eine weitere Beschwerde nicht zulässig (§ 283 RAbgO.).

7. Die Schätzungsmethoden.

Über Schätzungsmethoden enthält die Reichsabgabenordnung keine Bestimmungen. Da alle Umstände zu berücksichtigen sind, die für die Schätzung von Bedeutung sind, so ist die dem Einzelfalle adäquate Methode anzuwenden. Welche Methoden für die Aktiengesellschaften in Betracht kommen, wollen wir nunmehr untersuchen.

§ 16.

B. Die sinngemäße Anwendung des § 141 RAbgO.

Zweck des § 17 RNotG. ist die steuerliche Erfassung der gesamten Reserven der Aktiengesellschaft, der stillen wie der offenen. Der Begriff „Reserve" ist ein relativer und nur verwertbar im Rahmen der Bilanz; diese will das Gesetz ausschalten; die Ausführungsbestimmungen kommen aber wieder auf die Bilanz zurück, weil sie für die Bewertung durch Berechnung nur die Bilanz, ergänzt durch die nach dem Fragebogen zu machenden Angaben, haben auffinden können. Sieht man diesen Versuch, zu einer Berechnung zu gelangen, als einen untauglichen an, weil weder das vollständige Tatsachenmaterial, das den Gegenstand der Bestimmung wiedergibt, zu beschaffen ist, noch eine Bewertung möglich ist, so muß das Schätzungsverfahren gemäß § 210 RAbgO. stattfinden. Für die hier anzuwendende Schätzungsmethode bietet der § 141 RAbgO. wertvolle Anregungen: Es wird dort für Wertpapiere mit Kurswert in Verbindung mit § 142 RAbgO. die Ansetzung zum Steuerkurs vorgeschrieben. Weiter heißt es in § 141 Abs. 2: „Für Aktien ohne Kurswert ... hat das ... Finanzamt den Verkaufswert zu ermitteln und ihn Steuerpflichtigen und Finanzämtern auf Anfrage mitzuteilen. Fehlt es an genügenden Merkmalen, so ist der gemeine Wert unter Berücksichtigung des Gesamtvermögens und der Ertragsaussichten der Gesellschaft zu schätzen".

Wir wollen hier vom Normalfall ausgehen und annehmen, daß die Aktie einen Kurswert hatte, also z. B. mit dem Steuerkurs von 270% am 31. Dezember 1919 bewertet war. Der das Agio der Aktie ausdrückende Prozentsatz weist gewöhnlich auf zweierlei hin, darauf, daß das Gesellschaftsvermögen größer ist als der Nennwert des Grundkapitals und ferner darauf, daß die Rentabilität größer ist als die als normal anzusehende Verzinsung. Das zweite Moment hat gerade in der abnormen Entwicklung des letzten Jahres eine geringere Rolle gespielt als in früheren Zeiten. Als sich unsere Valuta immer mehr verschlechterte, fing man an, den Aktienwert hauptsächlich nach dem inneren Wert des Unternehmens zu schätzen, nach dem „Goldmarkwert" und berücksichtigte die Rentabilität nur als Nebenpunkt, so daß auch dividendenlose Papiere des öfteren einen Kurswert mit Agio aufwiesen. Gerade in dieser Zeit, die zwischen Oktober 1919 und März 1920 lag, suchte man in dem Kurs die Bewertung des Unternehmens als Ganzen auszudrücken. Daß hierbei wie in jeder Haussebewegung starke Übertreibungen mitspielten, mag zutreffen; anderseit wirkte für die Bewegung bis Ende Dezember 1919 der Stichtag des Reichsnotopfers hemmend, während die Aufwärtsbewegung mit ihren ungezügelten Übertreibungen erst Mitte Januar einsetzte. So ist es gekommen, daß die Kursfestsetzung in den Steuerkursen für den 31. Dezember 1920 nicht nur für die Bewertung des Wertpapiers die unmittelbare Grundlage bildet, sondern auf einen mittelbaren Weg hinweist, der im Schätzungsverfahren praktisch anwendbar sein könnte, das ist die Feststellung eines Kurses für das gesamte Aktienkapital des Gesellschaftsvermögens als Ganzen unter besonderer Berücksichtigung der Reserven. Schon hier sei hervorgehoben, daß dieser Kurs der Steuerkurs sein kann, aber nicht sein muß.

Wir wollen den praktischen Vorschlag, auf den wir für das Schätzungsverfahren hinzielen, kurz skizzieren. Der Grundgedanke muß sich dem des § 17 RNotG. anpassen: Das ist die Besteuerung auf Grundlage desjenigen Betrages, der den Wert der Reserven (der stillen wie der offenen) ausdrückt. Unsere Aktiengesellschaften sind in der Regel auf realen Werten (Grundstücken, Vorräten, Außenstände, Geld) aufgebaut, nur im Ausnahmefall treten reine Betriebsgesellschaften in der Form der Aktiengesellschaft auf. Bei der Gründung wird durch das in Aktien zerlegte Kapital das Vermögen mobilisiert, so daß — von den Gründungen mit sofortiger Reservebildung abgesehen — das Grundkapital gleichzeitig den Wert des Vermögens quantitativ ausdrückt. Jedwede Reserve ist in einem relativen Verhältnis gedacht; sie ist — auch als absolute Zahl ausgedrückt — Reserve im Verhältnis zum Grundkapital. Reserven sind teils rechnungsmäßig ausgewiesene, teils errechenbare Beträge, die, obwohl sie nicht zum Grundkapital zählen, als Eigenkapital der Gesellschaft außer dem Grundkapital im Gesellschaftsvermögen wirtschaftlich arbeiten. Das Vorhandensein etwaiger Werte im Vermögen der Gesellschaft wirkt im Regelfall auf die Bewertung des Hauptkapitals wie seiner Teile qualifizierend. Inwieweit sich hierin die Bewertung der Reserven an sich oder der durch ihr Vorhandensein erwarteter Gewinnchancen ausdrückt, kann zunächst dahingestellt bleiben. Das Werterhöhungsmoment tritt im Verkaufswert der Aktien hervor, in der Agiobildung, wobei nach der bei uns üblichen Berechnung eine Prozentzahl das Verhältnis zwischen dem Verkaufswert der Aktie und ihrem Nennwert ziffernmäßig darstellt.

1. Von diesen mit Agio ausgestatteten Aktien wollen wir zunächst ausgehen.

Wir verkennen nicht, daß sich, wie schon hervorgehoben, in dem Agio auch Ertragsmomente ausdrücken. Wir wollen zunächst aber von der Beziehung des Verkaufswertes zum Werte des Gesellschaftsvermögens (a) und sodann erst (b) von der Bedeutung des Ertragsmomentes handeln.

a) Unterstellen wir, daß sich im Agio nur die Relation zwischen Hauptkapital und Reservewerten im weitesten Sinne (den offenen wie den stillen) ausdrückt, so würde sich folgende Möglichkeit für die Schätzung ergeben:

Man benutzte den Verkaufswert der Aktie für die Bewertung des Kapitals. Hierbei ist von vornherein ein Betrag abzuziehen, der sogenannte „Façon"wert, der bei börsengängigen Papieren mit 20%, bei unnotierten Werten, deren Verkaufswert feststeht, mit 8% eingesetzt werden mag. Denn diesen Façonwert hat nur die Aktie und nicht das Grundkapital. Ist also der börsenmäßige Kurs 270%, so hat man für die Bewertung des Aktienkapitals von 250% auszugehen. Beträgt das Aktienkapital M. 10 Mill., so ist der Agiowert 15 Millionen. Hiervon berechnet man die 10% Reichsnotopfer, so daß sich als Opferbetrag M. 1,5 Millionen ergeben.

Ist — abgesehen von dem später zu erwartenden Ertragsmoment — diese Berechnung zulässig?

Wir sind in der Lage, an bedeutsame Analogien zu erinnern[1]):

---

[1]) Bei der Beratung des Wehrbeitragsgesetzes (Reichstag, 13. Legislaturperiode I. Session 1912/13, Drucksache Nr. 1083) in der Kommission für den Reichshaushaltsetat tauchte ein Antrag (Nr. 244, 1) auf: „Bei Berechnung des beitragspflichtigen Vermögens der Gesellschaften gilt, wenn ihre Aktien einen Börsenkurs haben, der nach dem Durchschnittskurs des Jahres 1912 zu ermittelnde Gesamtbetrag aller Aktien als beitragspflichtiges Vermögen, wenn solche dagegen keinen Börsenkurs haben, der durchschnittliche Verkehrswert aller Aktien." Da die Hauptaufmerksamkeit der Kommission auf die Vermeidung einer Doppelbesteuerung gerichtet war, konnte dieser Antrag, der viel zu weit ging (S. 53) den Beifall der Kommission nicht finden. Interessant ist aber, daß einer der sachkundigsten Kommissare, der bei diesen Beratungen mitwirkte, Dr. Goeppert (später Unterstaats-

aa) Zunächst verweisen wir auf eine Analogie aus dem Reichsstempelrecht. Bei der Fusion wird für die Übertragung des einzubringenden Gesellschaftsvermögens von der übernehmenden Gesellschaft der Gegenwert gewöhnlich ganz oder zum überwiegenden Teil in ihren eigenen Aktien entrichtet. In der Tarifstelle Nr. 1 A (Gesellschaftsverträge) des Reichsstempelgesetzes vom 3. Juli 1913 heißt es bei 4 (Berechnung der Stempelabgabe), der Steuersatz sei vom Hundertsatz des Grundkapitals oder des Betrages der Erhöhung dieses Kapitals zuzüglich des Agiobetrags zu berechnen. Dann fährt der Tarif mit den Worten fort: „Sind die Aktien nicht gegen Barzahlung übernommen, so tritt an die Stelle des bezeichneten Wertes der Gesamtwert der Gegenleistungen (Sacheinlagen). Bei der Übertragung des Gesellschaftsvermögens durch Fusion ist dieses Gesellschaftsvermögen der aufzunehmenden Gesellschaft Sacheinlage. Das Problem der Bewertung des „gesamten Gesellschaftsvermögens" bestand also schon im Reichsstempelrecht. Es hat das Reichsgericht wie auch den Reichsfinanzhof mehrfach beschäftigt. Den Kern dieser Rechtsprechung bildet die Frage nach der Methode, durch welche der Wert der Sacheinlagen, also des eingebrachten Gesellschaftsvermögens zu berechnen sei. Dabei wurden zwei Methoden erörtert, die unmittelbare, die in der unmittelbaren Ermittlung der Sacheinlagen besteht („Ermittlung des Wertes der für die neuen Aktien hingegebenen Gesamtgegenleistung auf Grund der Bilanz, soweit diese die Gegenleistung richtig und vollständig ergibt") und im Gegensatz hierzu die mittelbare. Diese mittelbare Methode bezeichnet der Reichsfinanzhof „als den von der Rechtsprechung des Reichsgerichts und der Verwaltungsübung ständig befolgten Grundsatz, der es bei Sachgründungen und Verschmelzungen von Gesellschaften für

---

sekretär, damals Staatskommissar an der Berliner Börse, also ein mit allen Gesichtspunkten der Börsenpraxis, insbesondere des Zulassungswesens vertrauter Beamter) die Einsetzung eines Kurswertes auf Grundlage des Ertragswertes eingehend erörterte (S. 57), seine Bedenken äußerte, aber die Möglichkeit der praktischen Durchführbarkeit aber nicht leugnete.

zulässig erklärt, den Wert der sich nicht in einer Zusammenrechnung der Werte der übertragenen einzelnen Vermögensgegenstände erschöpfenden Gesamtgegenleistung mittelbar dadurch festzustellen, daß der dieser Sachleistung gegenüberstehende Wert der neu auszugebenden Aktien ermittelt und bei dieser Ermittlung auch auf den Wert der alten Aktien der aufnehmenden Gesellschaft zurückgegriffen wird" (Reichsfinanzhof 2. Bd. S. 12). Die Rechtsprechung des Reichsgerichts hat — so heißt es beim Reichsfinanzhof – „die Ermittlung des Gegenwerts aus dem sogenannten inneren Werte der Aktien „nur als einen geeigneten mittelbaren Weg bezeichnet, indem sie von der nicht zu beanstandenden Annahme ausging, daß bei Gesellschaftsverschmelzungen kein Teil dem anderen etwas schenken wolle (RG. 80 S. 118ff.). Das Reichsgericht hat es weiter nun im wesentlichen als eine Tatfrage angesehen, wie dieser sogenannte wirkliche innere Wert der neuen Aktien zu finden sei, und hat aus diesem Gesichtspunkt ausgesprochen, daß unter Umständen auch der Kurswert der alten Aktien von Bedeutung sein können. Es ist nie verkannt worden, daß für die Bildung des Börsenkurses, zumal in bewegten Zeiten, Umstände maßgebend sein können, von denen der Wert des Unternehmens, dessen Aktien gehandelt werden, unbeeinflußt ist" (S. 13). Bezüglich des Kurswerts heißt es in einer anderen Entscheidung des Reichsfinanzhofs (I S. 54):

„Schätzungen werden niemals ein völlig einwandfreies Ergebnis haben. Es wird deshalb nur verlangt werden können, daß alles, was das Ergebnis zu beeinflussen imstande ist, eine Berücksichtigung und Würdigung erfährt, welche nicht ohne weiteres als unzutreffend bezeichnet werden muß.... Mangels besonderer Gründe muß davon ausgegangen werden, daß der Wert der Aktien zu einem gewissen Zeitpunkt in ihrem Kurs zurzeit einen weit treffenderen Ausdruck findet als in dem Kurs der vergangenen Jahre."

Diese Entscheidungen schalten ein Moment aus: Ganz richtig ist die Annahme nicht, daß keiner dem anderen etwas schenken wolle. Im Gegenteil; die übernehmende Aktiengesellschaft pflegt bei Fusionen eine „Marge" einzusetzen, durch die sie den Aktionären der aufzunehmenden Gesellschaft einen Anreiz bieten will. Stehen die Aktien der aufzunehmenden

Gesellschaften 80 und die der übernehmenden 210, so wird das Verhältnis 2 : 1 gewählt, weil die Spannung von 30% in Verbindung mit den aus den Abschreibungsmöglichkeiten sich ergebenden höheren Gewinnchancen (des niedrigeren Ansatzes in der Fusionsbilanz) den Aktionär über den Verlust am Nominalbetrag durch ein besonderes Entgegenkommen hinwegtrösten soll. Es wird recht selten eine Fusion vorkommen, die sich nicht auf einem Vergleich beider Kurswerte berechnet. Deshalb gibt es außerdem vom Reichsgericht und von dem Reichsfinanzhof bezeichneten mittelbaren Weg auch noch einen anderen: nämlich den Verkaufswert der Aktien der eingebrachten Gesellschaft zugrunde zu legen, der sich nach dem Umtauschverhältnis (zuzüglich etwaiger Nebenleistungen wie Vergütung auf den letzten Dividendenschein oder Barzahlungen usw.) unschwer berechnen läßt. Wir fügen diese Bemerkung hinzu, um zu zeigen, daß der von den höchsten Gerichtshöfen gebilligte mittelbare Weg auch seinerseits wieder zu der Methode führt, von der wir ausgingen.

bb) Eine weitere Analogie entnehmen wir dem neuen Körperschaftssteuergesetz. Dort wird in § 17 die Auflösung einer Erwerbsgesellschaft — also auch einer Aktiengesellschaft — behandelt. Die Bestimmung besagt im wesentlichen, daß dem letzten Betriebsergebnis der Betrag hinzuzurechnen ist, „um den das zur Verteilung kommende Vermögen das Grund- und Stammkapital übersteigt. . . .“ „Dies gilt entsprechend in dem Falle, daß das Vermögen einer Erwerbsgesellschaft ohne Auseinandersetzung auf einen anderen übergeht, von dem das Grund- oder Stammkapital übersteigenden Werte der Gegenleistung.“ Das ist also wieder der Fall der Fusion, deren Aufnahme in das Körperschaftssteuergesetz durch die Konstruktion eines einmaligen Veräußerungsgeschäfts vermittelt wird. In Wahrheit handelt es sich bei der „Fusionssteuer“ (§ 17 Abs. 2 macht aus ihr eine Sondersteuer) um eine Vermögenssteuer, welche die gesamten Reserven erfaßt. Aber man nimmt als Grundlage der Besteuerung den das „Grundkapital übersteigenden Wert der Gegenleistung“. Stehen die Aktien der P. Gesellschaft 220% und die der die P. Gesellschaft aufnehmenden

S. Gesellschaft 250%, so drückt die Zahl 150 dasjenige Agio aus, um den das Grundkapital der P. Gesellschaft höher bewertet wird bzw. der Wert der von S. gewährten Gegenleistung das Grundkapital der P. Gesellschaft übersteigt. Äußerlich erscheint dieses Agio als Bemessungsgrundlage. Bezweckt ist, da das Ganze nur als einmaliges Veräußerungsgeschäft in das Körperschaftssteuergesetz paßt, den das Grundkapital übersteigenden Mehrerlös zu erfassen. Es wird so angesehen, als verkaufe die Gesellschaft P. ihr Grundkapital und was sie über den Nominalbetrag erlöst, das soll als steuerbares Einkommen gelten. Das Ganze ist nach der „mittelbaren" Methode durchdacht. An und für sich hätte man von der „Einheit", dem Vermögen der P. Gesellschaft ausgehen müssen und sich fragen müssen: Was erhält die P. Gesellschaft für ihr Vermögen und was erhält sie mehr, „als sie früher besaß" ? Statt „besaß" sagt man „auswies", indem man es so ansehen will, als habe die Aktiengesellschaft nur das besessen, was ihr Grundkapital als Nominalbetrag auswies und erziele durch alles andere einen Gewinn (eine „Einkunft"). Ferner setzt man sich darüber hinweg — (und das muß man tun, weil man sonst wieder in die Berechnung der Imponderabilien verfällt) —, daß die Aktiengesellschaft bei der Fusion (unter Ausschluß der Liquidation) nicht ihr Grundkapital, sondern ihr Vermögen veräußert. Statt des „Vermögens" setzt man das Grundkapital ein und erreicht so eine Sondersteuer auf die Reserven bei der Fusion. Das „Mittelbare" liegt in der Einsetzung des Grundkapitals zuzüglich des bei Fusion offengelegten Reservekapitals an Stelle des „Vermögens"[1]).

---

[1]) Es erscheint nicht ausgeschlossen, daß die vom Körperschaftssteuergesetz neu formulierte Methode im Reichsstempelgesetz bei Anwendung der Tarifstelle Nr. 1 Aa Sp. 4 in Zukunft beachtet werden wird. Praktisch kommt es hier wie dort darauf an, die lästige unmittelbare Bewertung los zu werden. Rechnerisch ergibt „Grundkapital + Agio zu berechnen nach der Gegenleistung" genau dasselbe wie „Wert der Aktie der übernehmenden Gesellschaft." Denn 100 + 150 = 250. Nebenleistungen sind hier wie dort besonders zu berechnen. Die Methode des Körperschaftssteuergesetzes berücksichtigt aber, da sie vom Nominalbetrag der zu übernehmenden Gesellschaft ausgeht und das bei der

Daß die oben von uns bezeichnete Methode der im Körperschaftssteuergesetz normierten im wesentlichen gleichkommt, glauben wir dargetan zu haben.

Wir wollen nun einige Einwendungen erörtern, die wir erwarten.

Mit Einwendungen, bei denen der Wunsch der Vater des Gedankens ist, können wir uns nicht auseinandersetzen. Mancher Konzernjurist setzt für seine Gesellschaften, insbesondere für die Muttergesellschaften, allzu große Hoffnungen auf den § 139 Abs. 2 RAbgO. bezüglich der Bewertung der Portefeuillewerte und glaubt, daß man die Bilanzeinstandswerte der Hauptgesellschaft als Anschaffungspreise für die „Beteiligungen" auch dann annehmen wird, wenn die Werte durch irgendeine Umtauschtransaktion in den Besitz der Hauptgesellschaft gelangt sind. Wir haben schon weiter oben (S. 55) dargelegt, daß dies nicht zutrifft. Wohl aber ist es möglich, daß Gesellschaften mit sehr großen billig erworbenen Beteiligungen bei der Einsetzung unmittelbarer Rechnungsfaktoren (vgl. S. 56 dieser Schrift) „besser fahren können". Aber einmal muß bezüglich der „Wertpapiere" die Rechtsprechung abgewartet werden und sodann ist es gerade bei der Bewertung nach der „Einheit" durchaus möglich, daß die Steuerbehörden neue „Aktivposten" zwecks Erreichung eines „Mehrwertes" des Ganzen entdecken werden. In Sicherheit sollte man sich durch den § 139 Abs. 2 RAbgO. nicht wiegen lassen. Der in der Begründung zur Reichsabgabenordnung (Drucksache Nr. 759, S. 112) enthaltene Passus: „Gehören sie (scl. Wertpapiere) zu einer wirtschaftlichen Einheit, z. B. zu einem Betriebsvermögen, so können andere Grundsätze gelten", ist doch recht vieldeutig. Man kann sich auf diese Stelle auch für eine Höherbewertung berufen.

Veräußerung erzielte Agio unter Berücksichtigung aller Gegenleistungen getrennt einsetzt, die oben erwähnte bei der Fusion in der Regel auftretende „Marge", ohne zu fingieren, „daß kein Teil dem anderen etwas schenken wolle". Die Fusion wird in manchem Konzern nur in Verbindung mit einer donatio mortis causa geübt.

Die wichtigste Einwendung betrifft den Kurswert. Wie soll dieser Kurswert ermittelt werden? Die Schwierigkeiten sind seinerzeit von Göppert (vgl. S. 92 Anm.) hervorgehoben worden. „Vor der Berechnung eines Durchschnittskurses sei zu warnen. Man würde da auf allerlei Schwierigkeiten stoßen. Es sei z. B. an den Fall zu denken, daß ein Bezugsrecht abgegangen sei.“ Ferner wies er auf alle Momente hin, die geeignet sind, eine Divergenz zwischen dem „Kurswert“ und dem „gemeinen Werte“ herbeizuführen wie spekulative Übertreibungen, mangelnde Information des Publikums, Herabdrücken des Kurses usw. Er riet damals (1913), den Kurs eines bestimmten Tages zu wählen aus einer „Zeit, die nicht zu Übertreibungen neige“. Nun leben wir aber seit sechs Jahren in einer Zeit, die zu Übertreibungen bald nach oben, bald nach unten neigt, und es wird niemand behaupten können, daß die Börse sich als „untrüglicher Preismesser“ bewährt habe.

Schon aus diesen Erwägungen ist zu folgern, daß nicht etwa der Kurs vom 31. Dezember 1919 ohne weiteres maßgebend ist. Es sind, da wir uns im Schätzungsverfahren befinden, „alle Umstände zu berücksichtigen, die für die Schätzung von Bedeutung sind“. Die §§ 141, 142 greifen zwingend nur ein, wenn es sich um „Berechnung“ handelt, nicht aber bei der Schätzung. Selbst wenn man zunächst vom Kurs per 31. Dezember 1919 ausgehen will, muß man diesen Kurs mit der gesamten Kursentwicklung des Papiers innerhalb einer Periode vergleichen. Im Schätzungsverfahren ist auch der 31. Dezember 1919 kein Stichtag für die Erkenntnis; auch die Kursentwicklung des Jahres 1920 mit ihren wilden Übertreibungen im Anfang des Jahres wie mit den Rückgängen in den späteren Monaten kann verwertet werden[1]).

Wir müssen uns auch vergegenwärtigen, daß die von uns vorgeschlagene Methode nur dann brauchbar ist, wenn sie auch für Aktien, die in Deutschland keinen Kurswert haben, paßt.

---

[1]) Ein Moment, wie der von Göppert erwähnte Kursabschlag, der erfolgte, weil ein Bezugsrecht abging, zu berücksichtigen, halten wir für unstatthaft. Es war das gute Recht der Gesellschaft, sich das von ihm doch auch nach der allgemeinen wirtschaftlichen Lage benötigte Kapital

Es muß also außer dem „Verkaufswert" (oder Kurswert) noch ein anderes Moment für die Schätzung von Bedeutung sein.

Wir haben bisher das Ertragsmoment ausgeschaltet, obwohl § 141 RAbgO. auf die „Ertragsaussichten" im Rahmen einer Inzidentschätzung hinweist. Bevor wir die Bedeutung des Ertrages für das Schätzungsverfahren untersuchen, wollen wir darauf hinweisen, daß der § 141 RAbgO. bezüglich der praktischen Durchführung einer Schätzung durch den § 187 RAbgO. ergänzt wird.

Danach haben die Vorstände der Aktiengesellschaft „auf Verlangen binnen einer Frist von 4 Wochen nachzuweisen

1. die Höhe des Grundkapitals,

2. den Betrag des in den letzten drei Jahren jährlich verteilten Gewinns,

3. die tatsächlichen Mitteilungen, die sie zur Schätzung des Wertes der Aktien beizubringen vermögen."

Bei jeder Kursfestsetzung im Schätzungsverfahren ist diese Vorschrift zu beachten. § 187 enthält im Sinne des § 210 RAbgO. einen Hinweis darauf, welches Minimum von Umständen für die Schätzung eines Aktienwerts von Bedeutung sind. Insbesondere ist die in § 187 Nr. 3 vorgesehene Frage seitens des Finanzamts an die Vorstände der Aktiengesellschaften zu richten. Über die unbestimmte Formulierung dieser Nr. 3 des § 187 beschweren wir uns in keiner Weise. Wir halten es im Gegenteil für erforderlich, daß in einem Billigkeitsverfahren dem Steuerpflichtigen die Möglichkeit gegeben wird, bei der Beschaffung der Besteuerungsgrundlagen in der Art mitzuwirken, wie es nach seiner, des Steuerpflichtigen, Ansicht der Sache gemäß ist. Auch wenn im Einzelfall der Kurs leicht feststellbar wäre, und die Berechnung des Notopfers sich auf der Grundlage des Verkaufswerts der Aktien leicht durchführen

---

in von ihren Aktionären gewollter Form zu beschaffen. Der Kapitalerhöhung entspricht doch überdies allemal ein Aktivgegenposten. Auch das Reservekapital an sich als absolute Zahl ist schwerlich kleiner geworden, und die Hilfs„bemessungsgrundlage" selbst, das Grundkapital ist doch größer geworden.

i eße, sollte das Finanzamt es nicht unterlassen, gemäß § 187 Nr. 3 RAbgO. sich die Mitwirkung des Zensiten zu sichern. Eine Ausschaltung des Steuerpflichtigen würde einen wesentlichen Mangel des Verfahrens darstellen, und es würde dementsprechend, wenn das Finanzgericht den Mangel nicht nachträglich behebt (§ 264 RAbgO.), die Rechtsbeschwerde an den Reichsfinanzhof auf § 267 Nr. 2 RAbgO. gestützt werden können. Daß außer dem Steuerpflichtigen, also hier dem Vorstand der Aktiengesellschaft, zweckmäßigerweise die Handelsvertretungen befragt werden können, denen eine Auskunftspflicht obliegt (§ 181), sei hinzugefügt. Auch die Ablehnung eines Antrags, die Handelsvertretung zu hören, kann als Verstoß gegen § 210 RAbgO. angesehen werden, und es gilt dann für die Rechtsbeschwerde das oben Ausgeführte.

b) (vgl. S. 92). Die Berücksichtigung des Ertragsmomentes.

Wir wollen nunmehr prüfen, welche Bedeutung das „Ertragsmoment" für die dem Vermögenssteuerrecht angehörende Frage der Aktienbewertung hat.

aa) Ist es zulässig, das Ertragsmoment im Vermögenssteuerrecht der Aktiengesellschaften zu verwerten[1])?

Im Sinne der oben (S. 34) bei der Erörterung der Grundstückswerte wiedergegebenen Fuistingschen Lehre, die wir befolgen, kann der Ertragswert, außer in den Fällen, in denen das Gesetz ihn dem gemeinen Wert gleichstellt, immer nur

[1]) Man muß terminologisch für das Steuerrecht beachten: 1 die Rentabilität, d. h. das für einen bestimmten, der Vergangenheit angehörenden „Zeitraum ermittelte zahlenmäßige Verhältnis zwischen Reinertrag und Kapital" (vgl. Leitner, Bilanztechnik, II, S. 136); 2. die in der Vergangenheit erzielten Gewinne (§ 187) sowie der letzte Gewinn, d. h. „bei Wertpapieren, die mit Gewinnanteilscheinen gehandelt werden, ein Betrag, der für die seit der Auszahlung des letzten Gewinns verstrichene Zeit dem zuletzt verteilten Gewinn entspricht" (vgl. § 18 Abs. 2 des Wehrbeitragsgesetzes, § 34 Abs. 3 BesitzstG., § 142 Abs. 3 der RAbgO.); 3. die „Ertragsaussichten" (§ 141 Abs. 2, S. 2 RAbgO.), unter die auch „der laufende Gewinnanspruch" (§ 142 Abs. 3 am Schluß) einzureihen ist.

aushilfsweise zwecks Schätzung einer Besteuerungsgrundlage benutzt werden.

In neuerer Zeit hat man aber gerade bei dem Betriebsvermögen das Ertragsmoment noch in anderer Weise, nämlich bei der Lehre von den Einheiten als mittelbaren Rechnungsfaktor behandelt.

Der Zusammenhang zwischen der Rentabilität und dem gemeinen Wert eines Betriebsvermögens wird wie folgt konstruiert. Man sagt: Die Rente, die ein Geschäft abwirft, wird im gewöhnlichen Geschäftsverkehr bei der Veräußerung des Geschäfts, d. h. des Betriebsvermögens als Ganzen, als ein den Preis des Kaufobjekts beeinflussender Umstand angesehen[1]). Daraus wird, was wir zunächst für die Bilanz

---

[1]) In einer Studie über die „Rentabilität bei der Bewertung des Betriebsvermögens" (Zeitg. Steuerfragen, S. 53ff.) hat Lion dieses Problem behandelt. Für die steuerrechtliche Behandlung sagt er folgendes: „Wenn es das Ziel der Bewertung des Betriebsvermögens ist, den Kaufpreis zu suchen, den ein Käufer für das Unternehmen als Ganzes zahlen würde, so kann logischerweise die Erwägung der Rentabilität und ihre Berücksichtigung durch Einsetzung des Geschäftswertskontos gar nicht außer acht gelassen werden. Es ist dies die einfache Konsequenz der Begriffe gemeiner Wert und Bewertungseinheit." Lion lehnt dann (S. 58) später diese Konsequenz ab, weil er die Berücksichtigung der Rentabilität durch Einsetzung eines aktiven oder passiven „Geschäftswertes" für eine praktisch unhaltbare Konsequenz hält, die der Gesetzgeber nicht gewollt habe, und verlangt als gemeinen Wert des Betriebsvermögens einen „fingierten" die Rentabilität ausschaltenden Verkaufspreis, den er selbst als einen nicht im Leben, sondern nur im Vermögenssteuerrecht zu findenden Steuerbegriff bezeichnet. Bezüglich des Standpunktes des Gesetzgebers verweist er mit Recht darauf, daß der Gesetzgeber an die preußische Praxis anknüpfen will. Aber ganz wie Lion sie schildert, war doch die preußische Praxis nicht. Die Anweisung des preußischen Finanzministers vom 6. 7. 1900 zur Ausführung des Ergänzungssteuergesetzes vom 14. 7. 1893 (1. Teil vgl. Fuisting, II, S. 235) regelte im Art. 26 die „Vorarbeiten zur Feststellung und Schätzung der als Anlage und Betriebskapital einem gewerblichen Betriebe dienenden Werte". In dem dazu gehörigen Muster 4 (Fuisting, II, S. 260) waren „Einkommen" und „Ertrag" aus dem Gewerbebetrieb nach der Einkommen- und Gewerbesteuer sowie Klasse und Satz der Gewerbesteuer, und zwar dies alles für die Veranlagung zur „Ergänzungssteuer", also für eine Ver-

des Einzelkaufmanns kurz erörtern wollen, die Notwendigkeit gefolgert, unter die Aktiva ein „Bewertungskonto“ einzusehen, welches der Ren abilität unter dem Gesichtspunkte eines Wertfaktors Rechnung trägt. Richtig ist, daß, wer ein Geschäft kauft, verdienen will und ein Unternehmen, das große Erträge abwirft, anders bewertet als ein Geschäft mit mageren Gewinnen. Für falsch halten wir es aber, deshalb die Konstruktion eines die Rentabilität berücksichtigenden besonderen Bewertungskontos fordern zu wollen. Der Einzelkaufmann wandelt die Erträgnisse des Geschäfts in Betriebsvermögen um, indem er „buchhalterisch“ gesprochen, den Saldo des Gewinn- und Verlustkontos auf das Kapitalkonto bringt; wirtschaftlich gedacht, indem er den im Geschäfts-

mögenssteuer mitzuvermerken. Im Art. 26 der Ausführungsanweisung wurde hervorgehoben, daß diese Momente „einen wertvollen Anhalt für die Schätzung des Betriebskapitals“ bieten. So „lebensfremd“ war der preußische Steuergesetzgeber nicht, und so lebensfremd ist auch nicht sein Nachahmer. Wenn der § 141 RAbgO. sagt, die Ertragsaussichten seien zu berücksichtigen, so bedeutet dies nicht, daß sie zu kapitalisieren seien und, wenn das neue Reichssteuerrecht streng zwischen Vermögen und Ertrag oder Einkommen scheidet, so verbietet es nicht die Berücksichtigung der Ertragsaussichten für die Feststellung der Bewertungseinheit des Betriebsvermögens. Wenn man, wie dies Lion auch getan hat (Zeitgem. Steuerfragen, S. 72), in der Vermögensbilanz zum Reichsnotopfer auf der Passivseite den „Geschäftswert, die Rentabilität“ mit berücksichtigen will, dann kann man denselben Posten doch nicht von der Aktivseite verbannen. Daß er scharf zwischen Vermögens- und Ertragsbilanz unterscheidet, entgeht uns nicht; aber er spricht doch auf S. 58 nicht minder klar von der Vermögensbilanz als auf S. 72.

Wenn etwas lebensfremd ist (das ist kein Vorwurf, den wir Lion machen, der sich ebenso wie wir den Ausführungen der Motive zur Reichsabgabenordnung fügte), so ist es gerade diese scharfe Scheidung zwischen Vermögens- und Ertragsbilanz und wenn noch ein weiteres lebensfremd ist, so ist es das Einsetzen fiktiver Aktiva. Die Rentabilität „berücksichtigen“ (mehr wird auch für die Lehre von der „Einheit“ nicht verlangt), heißt in ihr ein „Merkmal“, einen „Anhalt“ suchen, aber nicht sie rechnerisch unmittelbar in einem Posten bewerten. Man wird immer wieder, wie das auch in Lions Studie hervortritt (vgl. S. 54 Sp. 2), zu der Frage nach der Schätzung und Schätzungsmethoden geführt.

gewinn ausgedrückten Geldbetrag — abgesehen von den „Entnahmen[1]) — als werbendes Betriebsvermögen dem Geschäft beläßt. Daraus ergibt sich: der Ertrag ist im Aktivvermögen und daher auch (falls nicht etwa im Ausnahmefall der ganze Ertrag in stillen Reserven verschwindet) im Kapitalkonto bereits berücksichtigt. Die Eigenart dieses Kapitalkontos (des Einzelkaufmanns) wird in den Erörterungen über die Bewertung der Rentabilität oft verkannt. Gerade, weil sein Kapitalkonto eine variable Größe ist und sich je nach Gewinn und Entnahmen des einzelnen Geschäftsjahres verschieden gestaltet, müßte für die Rentabilitätsberechnung, die mehrere Jahre umfaßt, eine konstante Zahl fingiert werden. Ohne diese Fiktion sind die Gewinnzahlen der einzelnen Jahre inkommensurabel. Diese Art von „Rentabilitätsberechnung" ist daher in der Praxis — und wie wir behaupten auch bei

---

[1]) Durch die von ganz individuellen Momenten abhängigen Entnahmen, gleichgültig, ob sie direkt oder indirekt wie etwa durch Effektenverkäufe erfolgen, vermindern sich die Betriebsmittel, also insbesondere die Geldmittel, d. h. unmittelbare Rechnungsfaktoren, und infolge des Fortfalls dieser Aktiva vermindert sich der Wert des Unternehmens wie das Kapitalkonto. Das hat mit der Ertragsfrage nur im Rahmen der Zinsfrage etwas zu tun, weil durch die Entnahme die Erträgnisse aus dem Guthaben kleiner werden bzw. die Aufwendungen für Bankzinsen wachsen, also ist für die Ertragsschmälerung maßgebend nicht der Ansatz der Kapitalentnahme selbst, sondern nur der Ansatz der dieser Kapitalentnahme entsprechenden Zinsen. Gerade dieses „Zinsmoment" bietet, soweit es mit der Frage des Eigenkapitals und des Kreditkapitals zusammenhängt, für die Einheitslehre neue unüberwindliche Schwierigkeiten. „Lediglich persönliche Verhältnisse" sollen nicht berücksichtigt werden (§ 138 Abs. 1 am Ende). Ob der Kaufmann mit Eigenkapital arbeitet oder mit Kredit, mit welchem Eigenkapital er arbeitet und mit welchem Kredit — alles dies sind „lediglich persönliche Verhältnisse". Bei strenger Anwendung des § 138 Abs. 1 muß man ein „Normaleigenkapital für Steuerzwecke, eine normale Verzinsung usw. fingieren. Weiter mußte man auf Grund dieses fingierten Normaleigenkapitals noch die Möglichkeit der Kreditbeschaffung bewerten usw. Mit allen diesen Fiktionen kommt man weiter vom Tatsächlichen ab und in das Lebensfremde hinein. Die Kapitalzins- wie die Kreditfrage muß trotz des § 138 Abs. 1, und zwar in Anwendung des § 4 der Reichsabgabenordnung ausgeschaltet werden.

Verkäufen — durchaus nicht die übliche. Die Rentabilität ist immer in einer Verhältniszahl auszudrücken, denn „die Rentabilität des eigenen Kapitals (Unternehmerkapitals) ist das Verhältnis des jährlichen Reinertrages zu den eigenen Mitteln". Mit dieser Verhältniszahl wird aber gar nicht gerechnet, sondern es werden die absoluten Zahlen, die den Gewinn ausweisen, zugrunde gelegt, was schon wegen der Veränderlichkeit des Kapitalkontos das Richtige ist. Beim Verkauf wird das Gebot des Käufers sicherlich davon abhängig sein, wie das Geschäft „gearbeitet" hat; aber es ist, wenn man von Umwandlungen in Aktiengesellschaften oder G. m. b. H.'s absieht, doch nur das Übliche, den letzten Jahresgewinn besonders zu beachten und in den früheren Gewinnausweisen ein Merkmal dafür zu suchen, ob es sich um Konjunkturgewinne handelt oder um das „reguläre" Geschäft. Gewiß kommt es vor, daß der Verkäufer einen Kapitalbetrag verlangt, der ihn durch Rente für entgehende Gewinne teilweise entschädigt. Das Wesentliche war ihm aber bisher (die neuen Reichssteuergesetze werden bei den Verkäufern andere Erwägungen hervorrufen) die Umwandlung des Betriebsvermögens, des verantwortlichen Kapitals, einschließlich seiner Reserven und des Goodwills in Kapitalvermögen; der entgehende Gewinn ist nur in Einzelfällen, nicht im gewöhnlichen Geschäftsverkehr, ein besonderer Bewertungsposten. Auch der Käufer zahlt nicht einen besonderen Betrag für die Rentabilität, sondern sie ist für ihn — was gerade bei den Umwandlungen von Privatfirmen in Aktiengesellschaften usw. hervortritt, rechnerische Grundlage bei der Prüfung der Frage, ob sich das von ihm zu investierende Kapital für ihn verzinsen wird. Den Preis entrichtet er für das Betriebsvermögen und den Goodwill. Aus allen diesen Erwägungen halten wir die Einsetzung eines die „Rentabilität" als Geschäftswert ausweisenden Aktivums für unrichtig; eine Finanzbehörde, die bei dem Einzelkaufmann derartiges verlangt, verstößt gegen die die Wertermittlung regelnden Vorschriften der Reichsabgabenordnung.

Anders liegt aber die Sachlage bei den Aktiengesellschaften. Hier ist das Kapital als konstante Zahl gedacht, es ist Grundkapital, „die Gewinne vermehren zwar das Vermögen, aber nicht das Aktienkapital" (Veit Simon aaO. S. 76); sie werden entweder ausgeschüttet oder bleiben durch Rückstellungen im Gesellschaftsvermögen. Der Zerlegung des Grundkapitals in Aktien (§ 178 HGB.) entspricht die Bestimmung des § 214 HGB., daß die Anteile am Gewinn sich nach dem Verhältnisse der Aktienbeträge bestimmen. Gerade weil das Aktienkapital eine konstante Zahl ist, auf die der Ertrag — sei es der das Einkommen des Aktionärs, sei es der das Einkommen der Aktiengesellschaft ausweisende Posten — bezogen werden kann, existieren hier Rentabilitäten, deren Bewertung auch verkehrsüblich ist[1]). Hier ist auch der Vergleich zwischen verschiedenen Jahren möglich, die Durchschnittsdividende mehrerer Jahre wird berechnet, und weder in einem Prospekt, noch in der Bilanzkritik eines Handelsredakteurs, noch in einem Buch über Börsenpapiere, noch in einem Handbuch der Aktiengesellschaften werden die Dividendenzahlen für eine Anzahl von Jahren fehlen. Auch zeigt die Erfahrung, daß bei der Veräußerung des Gesellschaftsvermögens im Wege der Fusion das Rentabilitätsmoment den zu zahlenden Preis wesentlich beeinflußt.

Wenn man die Anwendbarkeit der §§ 137ff. RAbgO. auf die Bewertung des Gesellschaftsvermögens der Aktiengesellschaft prüft, kann man an diesem Moment nicht vorübergehen. In der Reichssteuergesetzgebung finden wir Erörterungen über die Bewertung des Vermögens der Aktiengesellschaft nach einem Vielfachen der bilanzmäßig ausgewiesenen Dividende im

---

[1]) Auf die in der Statistik der Aktiengesellschaften gerade bei der Rentabilität entwickelten Feinheiten, die in den Schriften Ewald Molls (Die Rentabilität d. A.-G., Fischer, Jena 1908, Handwörterbuch d. Staatswissenschaften 1. Bd. S. 303ff. und die dort S. 317 angegebene Literatur verarbeitet sind, können wir hier nicht eingehen. Wir haben im wesentlichen nur die Unterscheidung übernommen, die das Einkommen des Aktionärs von dem Einkommen der Aktiengesellschaft trennt. (Vgl. Moll, Rentabilität, S. 69ff., 98/99, 165); diese Unterscheidung wurde auch der preußischen Rentabilitätsstatistik zugrunde gelegt.

Bericht der Kommission für den Reichshaushaltsetat über den Entwurf des Wehrbeitragsgesetzes (Nr. 1803 der Drucksachen des Reichstags 13. Legislaturperiode I. Session 1912/13 S. 52ff.). Hier ist ein Antrag niedergelegt, der „das Sechzehnzweidrittelfache der in den vorausgegangenen drei letzten Jahren jährlich im Durchschnitt auf das Gesellschaftskapital verteilten Gewinn“ als den bei Berechnung des beitragspflichtigen Vermögens der Aktiengesellschaften zugrunde zu legenden Ertragswert normieren wollte. Daß diese Berechnungsmethode (die Lion, der an diesen Bericht erinnert, Zeitgemäße St. S. 56, mit Recht kritisiert) nicht ideal war und zu einer großen Ungleichmäßigkeit geführt hätte, entgeht uns nicht. Für uns hat aber dieser Antrag die Bedeutung, die den Preis beeinflussenden Umstände hervorgehoben zu haben. Ein zweites Mal findet sich ein ähnlicher Gedankengang in dem erwähnten Bericht (S. 90, 119, 134) bei der Erörterung über den Vorläufer des § 141 RAbgO., den § 19 Wehrbeitragsgesetzes (§ 35 Besitzsteuergesetzes). Hier handelte es sich (nicht um die Bewertung des Gesellschaftsvermögens, sondern) um die Feststellung des Wertes einer Aktie ohne Börsenkurs. Als Wert der Aktie sollte nach dem ursprünglichen Antrag auch hier das $16\,^2/_3$fache des Durchschnitts der während der letzten 3 Geschäftsjahre verteilten Jahresdividende gelten; der Antrag wurde unter Änderung des Wortes „Jahresdividende“ in „Jahresgewinn“ angenommen. Erst in der 3. Lesung (172. Sitzung v. 28. Juni 1913 S. 5916) wurde auf Grund eines Antrages Bassermann und Genossen (Drucksache Nr. 1136) der Bestimmung die Form gegeben, die sie dann im § 19 Wehrbeitragsgesetzes (§ 35 Besitzsteuergesetzes) erhielt. Da kam es zu der Fassung: „Sofern ein solcher (Verkaufswert) nicht zu ermitteln ist, ist der Wert der Aktie ... unter Berücksichtigung des Gesamtvermögens der Gesellschaft ... und der in der Vergangenheit erzielten Gewinne nach freiem Ermessen zu schätzen.“

Nicht wegen des Hinweises auf die Schätzung, sondern wegen der aus der Natur der Sache folgenden Berücksichtigung der Rentabilität erwähnen wir dieses historische Material.

Demnach bejahen wir die oben aufgeworfene Frage. Es ist weiter zu fragen:

bb) Wie ist das Ertragsmoment zu berücksichtigen?

„Berücksichtigung“ der Rentabilität ist aber gewiß nicht gleichbedeutend mit Kapitalisierung des Ertragswertes. Der Ertrag ist ein Merkmal, nicht aber ein absoluter Rechnungsfaktor. Das preußische Oberverwaltungsgericht (Bd. 17 S. 428) hat bei einer Entscheidung, die den § 19 Wehrbeitragsgesetzes betrifft, den Satz aufgestellt: „Maßgebend ist unter allen Umständen der Verkaufswert, niemals ein Ertragswert“, es hat weiter dargelegt, daß § 19 irreführend gefaßt sei und daß auch die dort erwähnte Schätzung darauf hinziele, den gemeinen Wert zu ermitteln, wobei die Berücksichtigung der in der Vergangenheit erzielten Gewinne ein zulässiges Hilfsmittel sei.

Gerade um dieser mechanischen Berechnung des Vermögenswertes auf Grundlage der kapitalisierten Rentabilität vorzubeugen, wählte die Reichsabgabenordnung im § 141 eine andere Formulierung. Sie spricht nicht mehr von der Schätzung nach den Gewinnen der Vergangenheit, sondern von der Schätzung nach den Ertragsaussichten.

Hierzu führt Mrozek (D. Steuerbl. 2. Jahrg. S. 327) folgendes aus:

„Was den sachlichen Inhalt der beiden Bewertungsvorschriften betrifft, so fällt in die Augen, daß bei der Bewertung neben dem Gesamtvermögen im Besitzsteuergesetz die in der Vergangenheit erzielten Gewinne, nach der Reichsabgabenordnung aber die „Ertragsaussichten“ berücksichtigt werden sollen, und doch begründet dies keine sachliche Verschiedenheit. Hier kommt die Auslegung in Betracht, die das preußische OVG. dem mit der Vorschrift im Besitzsteuergesetz wörtlich übereinstimmenden § 19 des Wehrbeitragsgesetzes gegeben hat. Danach ist allein der gemeine Wert, der objektive Verkaufswert, am Stichtage maßgebend (Entsch. in Staatssteuers. Bd. 17 S. 428). Bei einem Verkaufe wird aber ein Käufer etwas in Anbetracht früherer Gewinne bezahlen, sofern sie ihm nicht auch in gleicher Höhe für die Zukunft in Aussicht stehen. Für die Entschließung beider Vertragsteile hinsichtlich des

Kaufpreises werden allein die künftigen Gewinne, welche erwartet werden dürfen, den Ausschlag geben. Der Verkäufer wird sich fragen, welche Gewinnaussichten er aufgibt, der Käufer, welche sich ihm eröffnen. Deshalb können die in der Vergangenheit erzielten Gewinne auch nach dem Besitzsteuergesetz nur insoweit Berücksichtigung finden, als sie einen Anhalt für die Schätzung künftiger Erträge, der Ertragsaussichten gewähren; insoweit aber behalten die Ergebnisse der Vergangenheit auch bei der Fassung der Vorschrift in der Reichsabgabenordnung ihre Bedeutung. Diese Fassung verdient aber den Vorzug, weil sie deutlicher als die im Besitzsteuergesetz die für die Ermittlung des gemeinen Wertes maßgebenden Umstände hervorhebt; die Fassung im Besitzsteuergesetz hat Steuerbehörden und Sachverständige oft zu der irrtümlichen Annahme verleitet, das Gesetz verlangte den Ansatz eines lediglich nach den Ergebnissen der Vergangenheit berechneten Ertragswerts, woraus den Steuerpflichtigen viele unnötige Belästigungen erwachsen sind" (vgl. auch Mrozek zu § 35 BesStG., Guttentag Nr. 126 S. 162).

Wir glauben, diesen Ausführungen Mrozeks in einem Punkt widersprechen zu müssen: Durch die Formulierung der Reichsabgabenordnung hat sich die Rechtslage doch etwas verändert. Wir haben schon auf die in der Statistik geübte Unterscheidung aufmerksam gemacht, die das „Einkommen" der Gesellschaft von dem „Einkommen des Aktionärs" trennt. Der Text des § 35 Besitzsteuergesetzes und § 19 Wehrbeitragsgesetzes erwähnte die in der Vergangenheit „erzielten Gewinne". Das wurde in den Kommentaren einschränkend interpretiert (so Hoffmann aaO. S. 45; Glaser, Besitzsteuer S. 113; Buek, Besitzsteuer S. 155; Fernow, Wehrbeitrag S. 79[1])) und nur auf die an die Aktionäre als Dividende oder „verschleierte Dividende" ausgeschütteten Beträge bezogen. Jetzt heißt es in § 141 RAbgO. „Ertragsaussichten der Gesellschaft". Das sind, wenn wir uns der Sprache des Körperschaftssteuergesetzes bedienen wollen, die Einkünfte der Gesellschaft, und zwar Einkünfte ohne Berücksichtigung der für die Aktionäre auszuscheidenden Dividendenbeträge. Mrozek behandelt in der erwähnten Studie die Bewertung von Geschäftsanteilen einer G. m. b. H. und setzt als „Ertrag" (S. 330) immer die vollen

[1]) Nur bei E. Zimmermann (Besitzsteuer, 1916, S. 123) wird die Ertragsaufsicht erörtert.

Beträge, also die das Einkommen der Gesellschaft m. b. H. aus drückenden Summen ein. Das mag bei Gesellschaften m. b. H. der Übung entsprechen und ist deshalb für den Mrozek beschäftigenden Fall unbedenklich. Bei Aktiengesellschaften muß man immer damit rechnen, daß aus den Überschüssen ein Teil für die Dividendenverteilung ausgesondert wird. Gerade weil nur ein Teil der Einkünfte einer Aktiengesellschaft zu Einkünften des Aktionärs wird, liegen in den Ertragsaussichten", die § 141 erwähnt, dieselben Momente, die für die Bildung des Reservekapitals maßgebend sind. „Die Ertragsaussichten im Sinne des § 141 umfassen außer den für Dritte (Aktionäre, Tantiemenberechtigte) auszusondernden Beträgen auch die Elemente der zukünftigen Bildung des Reservekapitals, vorausgesetzt, daß es aus dem Ertrage (und nicht aus Kapitaltransaktionen, billigen Anschaffungen usw.) miterwächst. Wirtschaftlich erscheint es doch auch richtig gedacht, daß die so aus dem Ertrage herrührende, in den Reserven ruhende Verstärkung des Eigenkapitals den Kaufwert der Aktie als eines Teils des Grundkapitals erhöhen muß. Hiermit wird gleichzeitig ausgedrückt, daß auch der gemeine Wert des Vermögens als Ganzen gestiegen ist.

Naturgemäß muß sich bei der Kursbewertung beides ausdrücken, sobald die Ertragsaussichten berücksichtigt werden: die Hoffnung des Aktionärs auf seine Rente wie die erwartete Steigerung der finanziellen Kräfte des Unternehmens. Ertragsaussichten liegen in der Zukunft und sind ungewiß. Deshalb sind sie nicht zu errechnen, sondern sie müssen geschätzt werden, und zwar im Sinne des Sprachgebrauchs von dem geschätzt werden, der sie beim Kauf des Gesellschaftsvermögens oder beim Ankauf einer Aktie in seine Kalkulation einsetzen will. Dabei werden die in der Vergangenheit erzielten Gewinne (im Sinne der Überschüsse der Gesellschaft einschließlich der für Dritte, insbesondere für den Aktionär auszuscheidenden Beträge) ein „Merkmal" bilden. Insofern hängen retrospektive Betrachtungen und Zukunftserwägungen zusammen.

c) Ergebnis.

Wir haben also gesehen:

1. An und für sich ist das Ertragsmoment Bewertungsmerkmal für die Vermögensbewertung (und auch für den Verkaufswert der Aktie selbst).

2. Es ist dies aber nicht der Ertrag im Sinne der Dividendenauszahlung, sondern es sind die Ertragsaussichten, für die eine Kapitalisierung gar nicht denkbar ist.

Nun sind, da wir uns im Schätzungsverfahren befinden, alle Umstände zu berücksichtigen, die für die Schätzung von Bedeutung sind. Die Erkenntnismittel sind nicht durch den im § 22 RNotG. normierten Stichtag begrenzt. Nach diesem Stichtag hat sich ja im Regelfalle (eine Ausnahme machen ja nur die Gesellschaften, die keine Bilanz aufzustellen brauchen, und diejenigen, die aufgehört haben, zu bestehen usw.) die Ertragsaussicht in Ertragsausweis im Laufe des Jahres 1920 verwandelt oder wird sich bis zur Veranlagung des Reichsnotopfers bei sinngemäßer Anwendung des § 22 Abs. 2 RNotG. in Kenntnis verwandeln. **Gerade auf Grund der Kenntnis des tatsächlichen Ertrags der Aktiengesellschaft, wobei diese Wendung zunächst alle Überschüsse die verteilten wie die reservierten umfaßt, läßt sich die Ermittlung des Vermögenswertes für den Stichtag bequem vornehmen und gerade hier zeigt sich der Vorteil des Schätzungsverfahrens.** Was trotz aller Mühe sich per 31. Dezember 1919 weder zusammenstellen noch bewerten läßt, wenn man die unmittelbare Methode anwendet, wird im Schätzungsverfahren eine wenn auch nicht leichte, so doch aber lösbare Aufgabe, sobald man den von uns vorgeschlagenen mittelbaren Weg geht. Man benutzt die letzte Bilanz und die in ihr ausgewiesenen Überschüsse, um hiernach einen Verkaufswert für das Grundkapital zu schätzen. Mit diesem Schätzungswert vergleicht man den Kurswert, wenn ein solcher existiert, oder den Verkaufswert; man läßt sich wieder die im § 187 RAbgO. vorgesehenen tatsächlichen Mitteilungen der Vorstände auch von denjenigen Gesellschaften einreichen, deren Aktien einen Kurswert haben.

Auf Grund dieses Hilfsmaterials lassen sich die Fehlerquellen des Steuerkurses ausgleichen. So ergibt sich der Wahrscheinlichkeitsschluß.

Die Bewertung des Grundkapitals auf Grund des Ertragsmomentes kann ferner auch durch Berücksichtigung der in der Vergangenheit liegenden Gewinne ergänzt werden, was sich insbesondere empfiehlt, wenn ein Verkaufswert nicht zu ermitteln ist.

Wenn man dann den Agiobetrag ermittelt hat, berechnet man auf seiner Grundlage, die in § 25 RNotG. vorgeschriebenen 10 vom Hundert.

Vor zwei Fehlerquellen muß man sich hüten:

1. man darf nicht vergessen, den Façonwert der Aktie abzuziehen, weil es sich ja um das Grundkapital und nicht um die Aktie handelt,

2. man darf ferner nicht vergessen, denjenigen Betrag abzusetzen der in Prozenten des Grundkapitals die Summe ausdrückt, welche als Dividende bzw. Tantieme aus dem Reingewinn auszusondern ist. In entsprechender Anwendung des § 141 Abs. 3 ist die nach dem 31. Dezember 1920 deklarierte Dividende einzusehen und der Abzug dementsprechend zu beberechnen[1]).

---

[1]) Für unzulässig halten wir es, weitere Abzugsposten in der Art zu berechnen, daß man sich auf § 139 Abs. 2 RAbgO. beruft und nun verlangt, die Differenz zwischen dem in dem Agio mitenthaltenen wirklichen Wert der Daueranlagen und dem Wert, der sich im Anschaffungspreis usw. ausdrückt, von dem Gesamtbetrag verhältnismäßig zu kürzen. Das können Aktiengesellschaften nicht beanspruchen, wohl aber können dies alle Eigner von Betriebsvermögen verlangen, die unter § 19 und nicht unter § 17 RNotG. fallen Diese Lösung ist keineswegs ungerecht. Gemäß § 25 RNotG. beträgt für Aktiengesellschaften usw. die Abgabe nur 10% des der Abgabe unterliegenden Vermögens; dagegen fallen die nach § 19 zu versteuernden Betriebsvermögen unter die bis über 60% steigende Durchstaffelung gemäß § 24 RNotG. Im Normalfall ist bei den nicht unter § 17 RNotG. fallenden Betriebsvermögen mit weiteren erheblichen Schwächungen des Betriebskapitals durch die Erbschaftssteuer und insbesondere auch durch die hohe Durchstaffelung bei der neuen Einkommensteuer zu rechnen. Da ist es nur gerecht, wenn die so getroffenen Betriebs-

Mit dem eben erwähnten Abzug trägt man dem eigentlichen Gedanken des § 17 RNotG., der die Reserven im weitesten Sinne zum Gegenstand der Besteuerung machen will, Rechnung.

2. Das Verfahren bei Aktien ohne Agio und der stets geltende Mindestsatz.

Auf den Grundgedanken des § 17 RNotG. muß man dann zurückgehen, wenn bei der schätzungsweisen Bewertung des Grundkapitals sich eine Prozentzahl ohne Agio oder ein Disagio zeigt. Bei der unmittelbaren Methode würde sich in einem solchen Falle ergeben, daß die fingierten Aktivposten nicht dazu ausreichen, einen Überschuß des Aktivvermögens über die nach § 17 abzuziehenden Posten herbeizuführen. Es muß eben bei der unmittelbaren Methode im Regelfalle damit gerechnet werden, daß auch für die Passivseite Bewertungsposten beansprucht werden, wie wir sie bei den Kollektivabschreibungen erörtert haben. Dann kann sich eine Sachlage ergeben, welche zeigt, wie der Gesetzgeber bei der Formulierung des § 17 RNotG. seine eigenen Grundgedanken versteckt hat: trotzdem die Geschäftsbilanz keine Unterbilanz (vielleicht sogar Überschüsse), wohl aber offene Reserven, insbesondere einen voll aufgefüllten gesetzlichen Reservefonds ausweist, braucht keine Steuerpflicht einzutreten. Wir sind der Ansicht, daß dieses Ergebnis sich nicht mit dem § 4 RAbgO. verträgt. Der Grundgedanke des § 17 führt bei der Besteuerung der Aktiengesellschaften zu einer steuerlichen Mindestforderung: Es sind allemal die für den letzten Abschluß bilanzmäßig aufgeführten wirklichen Reservekontenbeträge zuzüglich etwaiger

---

vermögen beim Reichsnotopfer zwei Vorteile haben; einmal den Vorteil, daß dieses Betriebsvermögen nur mit 80 vom Hundert seines Wertes anzusetzen ist (§ 19 RNotG.) und sodann den weiteren Vorteil, daß für diese „Betriebsvermögen" die dauernd dem Betriebe gewidmeten Gegenstände gemäß § 139 Abs. 2 RAbgO. außerhalb der Einheit als unmittelbare Rechnungsfaktoren „mit dem Anschaffungs- oder Herstellungspreis abzüglich angemessener Abnutzung einzusetzen sind unter Zulassung des Ansatzes eines niedrigeren Wertes, wenn er dem wirklichen Wert z. Z. der Bilanzaufstellung entspricht". Das Reichsnotopfer ist für die Aktiengesellschaften recht kostspielig.

Gewinnvorträge ohne Anrechnung der im § 17 Abs. 1 Nr. 2 bezeichneten Rücklagen als Objekt der Besteuerung anzusetzen.

Wir haben uns in dieser Formulierung nach dem § 11 Wehrbeitragsgesetzes gerichtet, dessen Gedanken der § 17 RNotG. erweitern soll. Der eben aufgestellte Grundsatz wird angewandt:

1. wenn sich in den Schätzungsverfahren in ein Disagio oder ein Pariwert für das Grundkapital ergibt;

2. wenn das im Schätzungsverfahren zugrunde gelegte Agio zu einem Betrage führt, der niedriger ist als der in den wirklichen Reservekontenbeträgen usw. ausgewiesene Bilanzaussatz.

Zu der Aufstellung dieses Satzes berechtigt uns einmal der § 4 RAbgO. und ferner die in jedem Billigkeitsverfahren, also auch im Schätzungsverfahren geltende Maxime: „He who seeks Equity, must do Equity."

Dieser Mindestsatz greift aushilfsweise auch in dem Falle der Aktie mit Agio ein.

Daß die sinngemäße Anwendung des § 141 RAbgO. im Schätzungsverfahren zu praktisch brauchbareren Ergebnissen führt als die Bewertung durch Berechnung, insbesondere durch Berechnung unmittelbarer Faktoren, glauben wir gezeigt zu haben.

§ 16.

C. Die Bedeutung des § 59 RNotG.

Wir müssen unsere Ausführungen noch durch eine Erwähnung des § 59 RNotG. ergänzen. Dort heißt es:

„Der Reichsminister der Finanzen ist ermächtigt, in Ausnahmefällen, in denen die Ermittlung des Vermögenswertes besonderen Schwierigkeiten begegnet, durch Vereinbarung mit dem Abgabepflichtigen die Abgabe in einem Pauschbetrage festzusetzen und auf diese Weise auch die Bindung des Vermögens aus Gründen des öffentlichen Wohles angemessen zu berücksichtigen."

Diese Bestimmung stand schon im Entwurf und ist nicht Gegenstand einer besonderen Begründung oder Erörterung gewesen. Sie wird technisch als „Pauschversteuerung" bezeichnet; eine ähnliche Norm ist in § 61 Erbschaftssteuergesetzes vom 10. September 1919 enthalten, jedoch ist im Erbschaftssteuergesetz die Ermächtigung nicht dem Reichsminister der Finanzen, sondern dem Landesfinanzamt gegeben. Materiell beruht die Besteuerung auf dem im Finanzrecht häufig erörterten (vgl. Otto Mayer, Verwaltungsrecht 351; Haußmann, „Gleichmäßigkeit" S. 88ff.) Grundsatze der „Vereinbarung", der leider in der Reichsabgabenordnung keine allgemeine Regelung finden konnte.

Es leuchtet ein, daß unsere Aktiengesellschaften mit besonders hohen Kapitalien, etwa von M. 50 Millionen Aktienkapital aufwärts, die Möglichkeit haben, darzutun, es liege bei ihnen ein „Ausnahmefall" vor und daß sie dementsprechend an den Reichsminister der Finanzen herantreten könnten. Es würde sich dann wohl eine „Schätzung" statt vor dem Finanzamt in den Räumen des Ministeriums abspielen.

Wir brauchen uns mit der Erörterung der Einzelheiten des § 59 nicht abzugeben, weil wir der Ansicht sind, daß ein solches Vorgehen „größerer" Aktiengesellschaften politisch sehr verkehrt wäre. Man wird von einem Sonderrecht der Multimillionäre sprechen; persönliche Beziehungen werden zu Mißdeutungen führen; für Verleumdungen wird sich ein neues großes Gebiet eröffnen; kurzum es werden alle die res miserrimae, die wir vor wenigen Monaten erlebt haben, erneut erst in der Presse und dann in irgendeinem Justizgebäude auftauchen.

Das Schätzungsverfahren ist durchführbar und der Steuerpflichtige hat einen Anspruch auf dieses Schätzungsverfahren. Den § 59 sollte man sich für echte Ausnahmefälle reservieren, und nicht in Fällen anwenden, bei denen der Vorwurf, es werde gegen den Grundsatz der Gleichmäßigkeit verstoßen, erwartet werden muß. Daß in der oben von uns angedeuteten Beschränkung des § 59 auf Gesellschaften von M. 50 Mill. Kapital an sich schon eine Willkür liegt, kann keinem entgehen. Bei der unmittelbaren Methode der Bewertung des Vermögens der Aktiengesellschaften bietet die Ermittlung des Vermögenswertes immer besondere Schwierigkeiten, welche die Ausführungsbestimmungen nicht vermindert haben. An sich könnte jede Aktiengesellschaft und vielleicht auch jede körperschaftliche Erwerbsgesellschaft die Anwendung des § 59 RNotG. für sich beanspruchen. Man hüte sich also davor, etwa aus Gründen der Bequemlichkeit diesen § 59 RNotG. dem justizmäßig ausgestalteten, auf Billigkeit beruhenden Schätzungsverfahren vorzuziehen.

Schluß.

Wie soll sich der Vorstand einer Aktiengesellschaft bei der Abgabe der Vermögenserklärung zum Reichsnotopfer verhalten?

Wir wollen die Ergebnisse unserer Untersuchung in der Weise zusammenfassen, daß wir auf Grund des den Ausführungsbestimmungen zum Reichsnotopfer beigefügten Musters 9 einen Antrag auf Einleitung eines Schätzungsverfahrens zu entwerfen versuchen.

Aktiengesellschaft
betr. Steuer-Erklärung zum Reichsnotopfer und Antrag auf Einleitung eines Schätzungsverfahrens gemäß § 210 der Reichsabgabenordnung.

An das Finanzamt zu

D.

Reichsnotopferliste .... Nr. ....

In der Anlage überreichen wir unseren letzten Jahresbericht nebst Bilanz und Gewinn- und Verlustkonto, per 31. 12. 1919, sowie die Geschäftsberichte für die Wirtschaftsjahre 1917 und 1918.

Wir fügen folgendes hinzu:

I.

Zu A: Vermögenserklärung:

Wir haben die unter I eingesetzten Zahlen der beigefügten Bilanz für das Geschäftsjahr 1919 entnommen mit folgender Maßgabe: Wir haben einzelne Abschreibungen der Aktiven zugeschlagen (..........) und haben aus den Kreditoren zwei Posten, die wir als Reserven ansehen (Dispositionsfonds A und ....) abgesetzt. Den nach der Bilanz per 31. 12. 1919 zur Verteilung bestimmten Reingewinn haben wir als Kreditor behandelt.

Zu B: „**Darlegung der für die Bewertung in Betracht kommenden Verhältnisse**":

Antworten auf den Fragebogen des Musters 9.

Zu I:

Wir verweisen auf die Anlage.

Zu II:

Für den inneren Betrieb werden bei uns in bestimmten Zeitabschnitten (Vierteljahrs-)Rohbilanzen aufgestellt, auch ist für einige Tantiemenberechnungen eine Abweichung von der im Geschäftsbericht enthaltenden Bilanz geboten. Andere Bilanzen für den inneren Betrieb sind bei uns nicht üblich (bzw. bei uns sind folgende für den inneren Betrieb bestimmte Bilanzen üblich und werden beigefügt).

Zu III a:

Wir haben unsere Vermögensgegenstände, insbesondere das Warenlager nach den Grundsätzen des Handelsbrauchs bewertet. Was das Warenlager anbetrifft, so haben wir dem Umstand Rechnung tragen müssen, daß unsere Rohmaterialien wie unsere Halb- und Fertigfabrikate im letzten Jahre Preisschwankungen von mehreren 100 % unterworfen waren. Wir haben deshalb bei der Bewertung unserer Bestände mit der größten Vorsicht vorgehen müssen, insbesondere deshalb, weil uns der starke Preisrückgang seit Mai 1920 gezeigt hat, welchen Gefahren unser Unternehmen bei einer anderen Art der Bewertung ausgesetzt wäre. Durchschnittlich haben wir die Vorräte gegenüber dem Friedenspreise mit einem Aufschlag von (480 %) aufgenommen.

Ob sämtliche Vermögenswerte mit dem „**tatsächlichen Werte**" berücksichtigt sind, vermögen wir nicht zu beantworten, da wir nur den handelsüblichen Wert und die Bewertungsmethoden des vorsichtigen Kaufmanns kennen

Die dauernd dem Betriebe gewidmeten Gegenstände haben wir mit dem Anschaffungs- bzw Herstellungspreis abzüglich angemessener Abnutzung eingesetzt, abgesehen von den Fällen, in denen der verkehrsübliche Wert zur Zeit unserer Bilanzaufstellung niedriger war. **Ebenso verführen wir mit derjenigen Quantität von Beständen, die wir als dauernde Bestände ansehen, weil ohne sie eine Aufrechterhaltung des Betriebes unmöglich wäre (vgl. Erlaß des Reichsministers der Finanzen vom 15. 3. 1920 III 7132).**

Wir bemerken, daß wir uns im allgemeinen an unsere früheren Bilanzansätze gehalten haben, da wir in der Kontinuität derartiger Bilanzansätze ein wesentliches Merkmal kaufmännischer

Solidität erblicken. Insbesondere haben wir, da unser Unternehmen schon mehrere Dezennien alt ist, zahlreiche Werte mit einer Mark zu Buche zu stehen, wie unsere Bureaueinrichtung, die zum Wagenkonto gehörigen Gegenstände usw. Wir würden nur bei Aufwendung großer Mühe in der Lage sein, die alten Anschaffungspreise für Gegenstände, die bei uns schon längst abgeschrieben sind, wieder zu ermitteln.

Mit gleicher Zurückhaltung müssen wir die Frage beantworten, ob die Aktiven unterbewertet sind. Was die Frage nach der Überbewertung der Passiven anbelangt, so ist es im Gegenteil denkbar, daß das bei uns unter Kreditoren eingesetzte „Steueranspruchskonto", mit dem wir die Vorschrift des § 81 der Reichsabgabenordnung berücksichtigt haben, unterbewertet worden ist, da wir uns über die Höhe der durch die neue Reichssteuergesetzgebung uns auferlegten Abgaben noch keine rechte Vorstellung zu machen vermögen. Wir bitten um Nachprüfung zu unseren Gunsten.

Bezüglich der Bewertung der Aktiva fügen wir noch hinzu, daß wir ein Grundstück, welches früher bei uns mit M. 1 800000 zu Buche stand, nunmehr mit M. 1400000 eingesetzt haben, da alle Bemühungen, es zu unserem Einstandspreis zu verkaufen, vergebliche waren und uns niemals mehr als M. 1400 000 geboten wurden.

Nicht unerwähnt wollen wir lassen, daß wir mit den neuen Bewertungsvorschriften der Reichssteuergesetze noch recht wenig vertraut sind, so daß wir darum bitten müßten, eventuell an der Hand unserer Bilanz weitere konkrete Fragen an uns zu richten.

Zu IIIb:

Für diese Frage verweisen wir auf das zu A und zu B IIIa Ausgeführte. Unter Aktivposten verstehen wir nur materielle Betriebsmittel. Es ist uns von anderer Seite mitgeteilt worden, daß darunter auch immaterielle Werte zu begreifen seien, die als Rechnungsfaktoren unter dem Gesichtspunkt der Einheit bewertet werden müssen. Derartige immaterielle Werte als Aktivposten führen wir nicht. Es ist uns auch nicht möglich gewesen, uns darüber Klarheit zu verschaffen, wie bei einem so verwickelten Betriebe wie dem unserigen die erwähnten Aktivposten immaterieller Art eingesetzt werden sollten; wir müßten, falls die Steuerbehörde einen derartigen Ansatz wünscht, unsererseits geltend machen, daß wir weder während des Krieges noch während der darauf folgenden Unruhen, insbesondere während der Zeit der abnormen Preissteigerungen in der Lage waren, unseren Betrieb so instandzuhalten, wie wir es hätten tun müssen. Daß unter diesen Unterlassungen sowohl der Wert unseres Unternehmens als Ganzen wie auch seine Ertragsfähigkeit schon jetzt leidet, wird jeder Sachkundige bestätigen. Wir müssen uns daher vorbehalten, unter unseren Passiven ein Wertberichtigungskonto einzusetzen, welches eine Abschreibung auf den Wert des Gesamtunternehmens zum Ausdruck zu bringen hätte. Wir bitten dieses auch zu unsern Gunsten von Amtswegen zu prüfen.

Zu IV:

Die uns vorgelegte Frage vermögen wir nicht zu beantworten. Wir haben in den letzten drei Wirtschaftsjahren ständig unter Umstellungen unserer Betriebe gelitten. Während wir im Frieden Gegenstände ...... herstellten, waren wir im Kriege mit der Fabrikation von .... beschäftigt und galten als kriegswichtiger Betrieb, wie wir durch eine Auskunft der Abwicklungsstelle des Wumba jederzeit nachweisen könnten. Im Jahre 1917 waren wir bis zum äußersten unserer Produktionsfähigkeit angespannt, mußten aber immer in Erwägung ziehen, daß der Krieg plötzlich ein Ende finden könnte und wir dann unsere Werke in anderer Weise zu beschäftigen hätten. Nicht viel anders war unsere Lage im Wirtschaftsjahr 1918. Wir haben infolgedessen in diesen Jahren so viel wie möglich Anschaffungen jeder Art, die mit unseren Kriegslieferungen zusammenhingen, als Unkosten verbucht. Unmittelbar nach dem Kriegsende waren wir genötigt, monatelang zwecks Beschäftigung unserer Arbeitnehmer unproduktive Arbeit zu verrichten und sind während dieser Übergangszeit ebenso verfahren, wie in den Kriegsjahren 1917 und 1918.

Während der Kriegsjahre haben wir zeitweilig zehnmal soviel Arbeiter und Angestellte beschäftigt als in den Friedensjahren. Wir sind heute nicht mehr in der Lage, anzugeben, welche Ausgaben für Anlagen oder Anschaffungen von Maschinen wir gemacht haben und wie viele wir als Unkosten gebucht haben.

„Wertpapiere oder dergleichen" haben wir nicht als Unkosten verbucht.

Zu Va:

Wir haben früher für eine Verpflichtung aus Bürgschaft unter den Aktiven einen Betrag als Wert des Rückgriffsrechts berücksichtigt. Wir haben aber in letzter Zeit über die wirtschaftliche Lage des Hauptschuldners so Ungünstiges aus guter Quelle vernommen, daß wir die Rückgriffsforderung gegen ihn als unbeitreibbar nunmehr außer Ansatz gelassen haben.

Zu Vb:

Die unter Passiven enthaltene Sicherungshypothekenschuld haben wir in Höhe der am Stichtag zugrunde liegenden Schuld aufgenommen.

Zu Vc:

Die in den Kreditorenkonten enthaltenen Rücklagen haben wir unter A (Vermögenserklärung) bei den persönlichen Schulden ausgeschaltet. Im übrigen sind in unseren Kreditoren nicht Rücklagen, sondern Bewertungsposten mitenthalten, soweit es sich nicht um juristische Schulden handelt.

Der Umstand, daß unsere Schuldner, die in den an Polen durch den Friedensvertrag abgetretenen Gebieten wohnen, nach polnischem Recht den Nominalbetrag unserer Reichsmarkforderung nur in polnischer Mark zum gleichen Nennwert zahlen dürfen, obwohl die Auszahlung Warschau wenig über 20 notiert, hat uns genötigt, den Minderwert unserer Forderungen im Delkrederekonto rechnerisch zum Ausdruck zu bringen.

Fiktive Gläubigerposten verzeichnen wir nicht in unseren Büchern.

Was unter nichtverteilten Gewinnen zu verstehen ist, wissen wir nicht. Wir bemerken nur, daß für gewisse Abrechnungen aus Konsortialgeschäften Stichtage festgesetzt sind, die hinter dem 31. Dezember 1919 liegen.

Für eine von uns aus einem Lieferungsgeschäft nach einem Urteil erster Instanz, das wir mit der Berufung angefochten haben, zu leistende Schadensersatzforderung wegen Nichterfüllung haben wir M. .... unter Kreditoren eingesetzt. Wir haben Berufung eingelegt, weil wir hoffen, daß wir dem Gegner mit Rücksicht auf andere Geschäftsverbindungen trotz der ihm zurzeit günstigen Rechts- und Prozeßlage zu einem Vergleiche auf Grundlage des eingesetzten Betrages werden bringen können.

Zu VIa:

Auf Grundstücke schrieben wir im letzten Geschäftsjahr M. 400000 aus den unter III A ausgeführten Gründen ab. Wir trugen hiermit dem gemeinen Wert Rechnung.

Zu VIb:

Unsere Lagerbestände haben wir, wie unter III A angegeben, bewertet, und haben von einer besonderen Abschreibung abgesehen.

Zu VIc:

Gegenstände des Gebrauchs haben wir zum Teil bewertet, wie unsere Inventur ausweist, zum Teil haben wir sie sofort über Betriebs- und soweit sie das Bureau betrafen, über Handlungsunkostenkonto abgebucht. Das Fuhrwerkkonto haben wir auf M. 1.— abgeschrieben, da uns sowohl während des Krieges durch die Musterungskommission, wie zurzeit durch die Entente-Kommission unsere zwei für die Direktion benötigten Pferde weggenommen wurden und wir stets gezwungen waren, uns den Ersatz zu erhöhten Preisen zu beschaffen.

Zu VId:

Unbeitreibbare Forderungen bleiben bei uns außer Ansatz. Die Abschreibungen auf zweifelhafte Forderungen sowie die Umstände, welche einen geringeren Wert begründen, werden wir nachweisen.

Zu VIe:

Da alle dem Betrieb gewidmeten Gegenstände Betriebsvermögen sind und wir ein Betriebsunkostenkonto führen, so müssen wir bezüglich dieser Frage auf das im Gewinn- und Verlustkonto ausgewiesene Betriebsunkostenkonto verweisen, das wir eventuell einzusehen bitten.

Zu VII:

Die Wertpapiere sind bei uns nach drei verschiedenen Gesichtspunkten aufgenommen worden:

1. Dauernde Beteiligungen, die in Wertpapieren bestehen, lassen wir zum Anschaffungspreis in der Bilanz stehen.

2. Wertpapiere, die wir für Zwecke des Betriebs brauchen, insbesondere zu Kautionszwecken, die wir aber nicht als dauernde Anlagen ansehen, nehmen wir seit vielen Jahren ständig zu einem Kurs auf, der 10 % unter dem Börsen- bzw. Steuerkurs liegt, weil wir bei rückgehenden Börsenpreisen in der Verfügung über diese Papiere beschränkt sind und sie nicht veräußern können.

3. Endlich haben wir Kriegsanleihen und sonstige Staatspapiere zum Steuerkurs aufgenommen.

Zu VIIIa:

Handlungsunkosten und Unkosten ähnlicher Art sind vor dem für unsere Bilanz maßgebenden Stichtage, dem 31. Dezember 1919, in der im Handel allgemein und auch bei uns üblichen Weise verbucht worden. Der Begriff der „transitorischen Aktiva“ war uns bisher unbekannt.

Zu IX:

Wir hatten folgende Guthaben bei folgenden Banken und Bankiergeschäften: ....

Zu X:

Wir waren im Frieden in Nordfrankreich mit einer französischen Firma assoziiert; wir haben unlängst auf Grund einer von uns an die Firma gerichteten Anfrage die Antwort erhalten, unsere Sozietät bestehe nicht mehr, unser Anteil sei von dem französischen Liquidator verkauft worden, der Erlös werde von dem hierzu bestellten Beamten verwaltet. Wir haben uns dieserhalb jüngst an den „Verband der im Ausland geschädigten Inlandsdeutschen E. V.“ Berlin W 35, Potsdamer Straße 28 gewandt (vergl. § 2 der Bekanntmachung der Reichsregierung vom 15. 11. 1919 RGBl. S. 1891 und Reichsanzeiger vom 25. 11. 1919 Nr. 267). In unseren Vorkriegsbilanzen hatten wir diese Beteiligung mit M. 300 000 bewertet.

Wir versichern hiermit, die vorstehenden Angaben nach bestem Wissen und Gewissen gemacht zu haben.

II.

Wir glauben mit den obenstehenden Ausführungen unserer Verpflichtung, bei der Ausfüllung von Vordrucken alle Fragen zu beantworten, nach besten Kräften genügt zu haben.

Wir sind uns aber darüber klar, daß weder durch die an uns gestellten Fragen noch durch die von uns gegebenen Antworten die Besteuerungsgrundlagen für die nach §§ 2, 17 und 25 des Gesetzes über das Reichsnotopfer verlangte Abgabe festgestellt oder berechnet werden könnten.

Wir müssen darauf aufmerksam machen, daß eine Ergänzung unserer Angaben sowohl hinsichtlich der Vermögensobjekte wie hinsichtlich der Bewertung dieser Objekte von uns kaum beschafft werden könnte. Bei dem Alter unseres Unternehmens wie bei der Größe unserer Betriebe müßten wir allein für diese steuerliche Aufgabe mehrere Beamte, die als Vertrauensbeamte auch besonders teure Arbeitskräfte sein würden, einstellen, ein Aufwand, der sich kaum lohnen würde, weil auch dann nicht das angegeben werden kann, was sich als das gesamte Gesellschaftsvermögen darstellen soll.

Unter diesen Umständen beantragen wir

> von einer unmittelbaren Bewertung unseres Gesellschaftsvermögens abzusehen und den nach dem Zweck des § 17 des Gesetzes über das Reichsnotopfer zugrunde zu legenden Gegenstand der Besteuerung wie dessen Wert gemäß § 210 der Reichsabgabenordnung im Schätzungsverfahren zu ermitteln.

Wir sind der Ansicht, daß es dem Gesetzgeber hauptsächlich daran gelegen war, die sämtlichen Reserven einer Aktiengesellschaft, die offenen wie die stillen, zu erfassen. Wir glauben nicht, daß bei unmittelbarer Bewertung der Objekte sich durch Berechnung eine zweckmäßige Feststellung treffen läßt. Wir regen daher an, durch einen mittelbaren Weg, der sich auch in der Verwaltungsübung bei anderer Gelegenheit bewährt hat, die Besteuerungsgrundlagen zu ermitteln und das **Schätzungsverfahren** zu verwenden.

Es wird sich auf Grund des Verkaufswertes bzw. Steuerkurses unserer Aktien ein Betrag ermitteln lassen, der den Wert unseres Grundkapitals darstellt. Dieser Betrag kann, da der Abschluß für das Geschäftsjahr 1919 vorliegt, mit dem sich nach Maßgabe des Ertrages zu berechnenden Wert unseres Grundkapitals, verglichen werden; die etwa sich hierbei ergebenden Divergenzen werden sich unschwer ausgleichen lassen. Wir sind außerdem bereit, auch unsrerseits alle die tatsächlichen Mitteilungen zu machen, die zur Schätzung des Wertes unseres Aktienkapitals von Bedeutung sein könnten. Das so ermittelte Agio unseres Aktienkapitals wird für die nach § 25 des Reichsnotopfergesetzes festzusetztende Abgabe eine ebenso bequeme wie sachdienliche rechnerische Grundlage bieten.

Wir bemerken, daß in einer ganz ähnlichen Rechtslage der Reichsfinanzhof (Band 1, Seite 54ff, Band 2 Seite 12ff.) den mittelbaren Weg gebilligt hat und daß auch § 17 des Körperschaftssteuergesetzes diese Methode als einen für die Bewertung eines Gesellschaftsvermögens gangbaren Weg anerkannt hat.

Vorsorglich beantragen wir schon jetzt,

im Schätzungsverfahren eine Auskunft der Handelskammer zu D. über den Wert unseres Aktienkapitals herbeizuführen.

D. . . . . . den 20. August 1920.

Aktiengesellschaft

(Unterschrift des zur Vertretung Berechtigten)

Wir haben bereits S. 59 dargelegt, daß die Fassung der Ausführungsbestimmungen auch bei den Aktiengesellschaften zur Behandlung aller Posten als unmittelbarer Rechnungsfaktoren nötigt und daß die Ausführungsbestimmungen zu Unrecht den Gesichtspunkt der Einheit ausgeschaltet haben. Wir haben deshalb unsere eigene Grundauffassung zurückstellen müssen, der zufolge bei dem unter § 17 RNotG. fallenden Gesellschaftsvermögen, also bei den Aktiengesellschaften, § 139 Abs. 2 RAbgO. zugunsten der §§ 137 Abs. 1, 139 Abs. 1 RAbgO. also im wesentlichen zugunsten der Einheitslehre ausgeschaltet ist. Gemäß § 168 RAbgO. mußten wir unter I den Zensiten, die Aktiengesellschaft, so antworten lassen, wie das Finanzamt im Muster 9 fragt. Die alte Parömie: „Quod contra rationem juris receptum est, non est producendum ad consequentias", gilt nun einmal, wie § 168 RAbgO. zeigt, nicht im neuen Reichssteuerrecht. Aber dasselbe neue Reichssteuerrecht ermöglicht die Anwendung eines anderen Wortes: „Haec aequitas suggerit, etsi jure deficiamur."

Wir erblicken in der Art der Fragestellung, wie sie die Ausführungsbestimmungen zum Reichsnotopfer enthalten, eine große Gefahr für die Aktiengesellschaften. Wird in dieser Weise ermittelt, so ist zu erwarten, daß bei der Veranlagung zum Reichsnotopfer das Finanzamt die ihm steuerlich genehmen Posten als unmittelbare Rechnungsposten einsetzt und dann durch andere Plusposten ergänzt, die der Einheitslehre entnommen oder dem Immateriellen entzaubert sind. Das ist zwar rechtlich vollkommen unzulässig, da es dem § 137 Abs. 1, also der Lehre von der Einheit widerspricht, aber die Gefahr, daß es so kommen werde, ist groß genug. Diese Gefahr ist so groß, daß die Aktiengesellschaft weit sicherer geht, wenn sie das als Billigkeitsverfahren zu führende, hier gebotene Schätzungsverfahren beansprucht. Je öfter dieses Schätzungsverfahren gewählt wird, um so schneller wird es sich als Billigkeitsverfahren einbürgern und um so eher werden Billigkeitsforderungen, wie sie der „Reichsverband der Deutschen Industrie" in seiner Eingabe vom 27. Mai 1920 aufgestellt hat, als Billigkeitsrecht in das neue Reichssteuerrecht eindringen.

„Equity regards the spirit and not the letter."

Sachregister.

(Die Zahlen verweisen auf die Seiten.)

A.

Abgabe 13, 111.
Abgabegewaltsverhältnis 84.
Abgabeverhältnis 84.
Abnutzung 52.
Abschreibung 19, 65, 116.
Abzugsposten 22ff., 51, 111.
Äquitas 78.
Agio 91ff., 123.
Aktie 105ff.
Aktiengesellschaft 6, 104ff.
Aktienkapital 104ff.
Aktionär 105.
Aktiva (fiktive) 44ff.
Aktivvermögen 12ff.
Anlagekapital 38ff., 54.
Anlagen (dauernde) 31, 52ff.
Anschaffungspreis 31, 43, 53ff.
Antizipationen 24.
Anwartschaften 48.
Ausführungsbestimmungen 14, 16, 52ff., 66ff., 123.
Ausgleich (s. Billigkeit) 79.
Ausgleichsbesteuerungsgesetz 30, 80, 83.
Ausgleichsposten 17.
Auskunftspflicht 99ff.
Ausländisches Vermögen 71.
Ausschüsse 15.

B.

Bebaute Grundstücke 57ff.
Bedingte Schulden 9, 31.
Bekanntgabe 86.
Bemessungsgrundlage 8.
Benutzungsart 52.
Berechnung 30ff.
Bergwerkseigentum 15, 43.
Berichtigungsposten 25.
Berufung 86ff.
Beschwerde 89.
Besitzsteuergesetz 27.
Besteuerungsgrundlagen 42, 70ff.
Beteiligungen 56ff.
Betriebsunkosten 17ff., 119.
Betriebsvermögen 13ff., 38, 42, 51ff.
Bewertung 13, 24, 26ff.
Bewertungseinheit 28.
Bewertungskonten 50, 102.
Bewertungsmethoden 29ff.
Bewertungsvorschriften 13, 27.
Bezugsrecht 98.
Bilanz 7, 11, 17, 21, 25.
Bilanzansatz 51, 60ff., 66ff.
Bilanzwert 60ff., 67.
Billigkeit 76ff., 81.
Billigkeitserlaß 82.
Billigkeitsforderung 78, 124.
Billigkeitsrecht 76ff.
Billigkeitsverfahren 29, 81ff.
Böswilligkeit 75.
Börsenkurs 98.
Bürgschaften 23.

C.

Casus impotentiae 74 ff.
Casus noluntatis 74 ff.

D.

Dauernd (dem Betrieb gewidmet) 31ff.
Dauernde Bestände 61ff., 117.
Dauernde Beteiligungen 56.
Dauerwert 61.
Debitoren 120.
Depositen 85.
Dividende 9, 104 ff.
Disagio 112.
Doppelbesteuerung 59.

E.

Eidesstattliche Versicherung 88.
Eigenkapital 103.

Einbringung 93.
Einheit 1, 5, 38 ff.
Einheitslehre 5.
Einkommen (der Aktiengesellschaften und des Aktionärs) 105.
Einkommensteuer 111.
Eiserne Bestände 61 ff.
Ergänzungssteuergesetz 27, 101.
Erkenntnismittel 67.
Ermessen 76 ff., 81 ff.
Ermittlungsverfahren 72 ff.
Erstattungsansprüche 83.
Ertragsaussichten 100, 107 ff.
Ertragsbilanz 20.
Ertragsmoment 100 ff.
Ertragswert 34 ff.
Equity 76 ff., 124.

F.

Fassonwert 92, 111.
Fahrlässigkeit (grobe) 45, 87.
Fahrnisse 14.
Fatierungspflicht 25 ff.
Feststellbarkeit 72 ff.
Fiktive Posten 15, 37, 44 ff., 120.
Finanzamt 26, 89, 124.
Finanzgericht 87.
Finanzpolizeiliches Motiv 85.
Firmenrecht 44 ff.
Fonds (für Wohlfahrtszwecke) 7.
Forderungen (unbeitreibbare) 121.
Formular (Pflicht zur Ausfüllung) 53, 67, 123.
Friedenswerte 60.
Friedenswirtschaft 17 ff.
Freies Ermessen 81 ff.
Fusionen 47, 94, 95 ff.

G.

Gebrauchsgegenstände 18.
Gegenstand der Besteuerung 7 ff.
Gemeiner Wert 31 ff.
Genehmigung (s. Bilanz) 9.
Genossenschaften 6.
Gerechtigkeit 48, 79.
Geschäftsanteil 108 ff.
Gesellschaft mit beschränkter Haftung 104, 109.
Gesellschaftsvermögen 12 ff., 41 ff.
Gesetzmäßigkeit 84.
Gesetzlicher Reservefonds 112.
Gewerkschaft 6.
Gewinnanspruch (laufender) 100.
Gewinnvortrag 10.
Gleichmäßigkeit 80 ff.
Gold 42.
Goodwill 46.
Gratifikationen 9.
Grundkapital 9, 23, 111, 123.
Grundstücke 36, 41, 54.
Grundvermögen 34 ff., 56 ff.
Guthaben 112.

H.

Haftung 16.
Handelsbrauch 37, 45.
Handelskammer 100, 123.
Handelsüblichkeit 23, 60 ff.
Handelsvertretung 100.
Handlungsunkosten 17 ff., 119.
Härtebestimmungen 80, 82.
Hausrat 14 ff.
Hilfsmittel
(der Bewertung) 39.
(der Schätzung) 93 ff.
Höhe (der Schätzung) 87.

I.

Immaterielle (Werte) 15, 37, 44 ff.
Individualertrag 35.
Iniquitas 78.
Inventar 11.
Inventur 11.
Inzidentschätzung 71 ff., 88.

J.

Juristische Schulden 23.
Justizmäßige (Ausgestaltung des Verfahrens) 81 ff.

K.

Kapitalflucht 85.
Kapitalkonto 103.
Kapitalvermögen 104.
Kollektivabschreibungen 50 ff., 119.
Kompromißversuch 68 ff.
Konsortialgeschäfte 22, 121.
Kontinuität 65, 117.
Körperschaftssteuergesetz 95 ff.
Kredit 103.
Kriegswichtig 119.
Kriegswirtschaft 50, 119.
Kundschaft 44 ff., 64 ff.
Kurswert 91, 93 ff.

L.

Lagerbestände 61 ff.
Landesfinanzamt 89, 114.

Lasten 7.
Leitsätze (des Reichsverb. d. D. Industrie) 60ff.
Liquidation 28, 122.

M.

Malzkontingent 48.
Mangel (des Verfahrens) 87.
Mängel der Feststellbarkeit) 72.
Marge 94.
Maßnahmen (s. Steuerflucht).
Materielle Betriebsmittel 47, 49.
Mehrwert 44.
Methoden (der Bewertung) 29ff.
Methoden (der Schätzung) 89.
Mindestsatz 112.
Ministerialentscheidungen 27.
Mittelbare Methoden 93ff., 95.
Mittelbare Rechnungsfaktoren 38ff.
Mitwirkung (Recht auf) 26, 86.
Mußvorschrift 82.
Muster (s. Formular).

N.

Naturrecht 78, 79.
Natürlicher Wert 32.
Normalertrag 35.
Nullposten 31.

O.

Oberverwaltungsgericht 27ff.
Objekt (der Besteuerung) 72, 86.
Objektiver Wert 33.
Odiöse Schätzung 25, 75.
Offizialermittlung 88.
Optionen 48.

P.

Pariwert 112.
Parteirechte 83ff.
Parteistellung 83ff.
Passivseite 13ff.
Patentrechte 15.
Pauschalverfahren 113ff.
Persönliche Verhältnisse 36ff., 103.
Polen 121.
Positivistisch 77.
Portefeuillewert 55, 97.
Publizistische Ansprüche 84ff.

R.

Recht auf Mitwirkung 26, 86.
Recht auf Rechtsschutz 84ff.
Recht auf Schätzungsverfahren 88.
Rechtsbeschwerde 88.
Rechtsmittel 87.
Reichsabgabenordnung 27ff., 72
Reichsausgleichsgesetz 80.
Reichsfinanzhof 85.
Reichsminister der Finanzen (Erlasse des) 44, 85.
Reichsnotopfer 7, 19, 25ff., 113ff.
Reichsstempelrecht 93.
Reichsverband der deutschen Industrie 6, 60ff., 124.
Reichswirtschaftsgericht 80.
Reingewinn 24, 111.
Reinvermögen 9.
Reklame (Wert der) 44ff.
Rekurse (s. Ungültigkeit) 85.
Rentabilität 45, 101, 105ff.
Rentabilitätskonto 102.
Reserven 5, 7, 11, 12, 22, 89ff.
Rohmaterialien 36.
Rohvermögen 25.
Rückgriffsrechte 23.
Rückstellungen 22, 120.
Ruf (geschäftlicher) 44ff.

S.

Schacht- und Grubenkonto 16.
Schätzung im Sinne des Sprachgebrauchs 30, 33ff., 46.
Schätzung im technischen Sinne 29, 69ff.
Schätzungsbescheid 29.
Schätzungsnormen 34.
Schätzungsverfahren 5, 29, 72, 76, 114.
Schulden 7, 23.
Selbstversicherung 25.
Sicherungshypothek 23.
Sonstige bewegliche Vermögensgegenstände 48.
Steueranspruch 59, 86.
Steueranspruchskonto 118.
Steuerbescheid 83, 87.
Steuerflucht 85.
Steuerartige Leistung 86.
Steuerbares Vermögen 47, 49.
Steuergläubiger 86ff.
Steuerkurs 67, 98, 121.
Steuersicherungsanspruch 86.
Steuerschuldner 84ff.
Stichtag 73, 116.
Stille Reserven 5, 89ff.
Subjektive öffentliche Rechte 84ff.

Subsidiärer (Charakter der Schätzung) 29, 37, 71.

T.

Tantieme 9, 117.
Tauschwert 33.
Taxe 30, 33ff.
Thesaurierungen 11.
Totalität der Reserven 12, 41.
Transitorische Aktiva 24, 121.

U.

Übergangszeit 119.
Übung (des redlichen Handelsstandes) 37, 46, 117.
Umlaufswerte 44.
Umsatzsteuer 70.
Umstellung 119.
Ungewöhnliche (Verhältnisse) 36ff., 119.
Ungültigkeit (von Erlassen des Reichsministers der Finanzen) 85.
Unkostenkonten 17ff., 119.
Unmittelbare Bewertung 30ff.
Unmittelbare Rechnungsfaktoren 30ff., 41.

V.

Valuta 90.
Verband der im Ausland geschädigten Inlandsdeutschen E. V. 122.
Vermögen 12ff., 21.
Vermögensbilanz 20.
Vereinbarung 114ff.
Vergütungsansprüche 83.
Verkaufswert 31ff.
Verkehrswert 65ff.
Verschulden 45, 87.
Versicherungsgesellschaften 7.
Verursachung (der Mängel im Schätzungsverfahren) 74.
Vollzugsanweisung 14.
Voraussetzungen (des Schätzungsverfahrens) 72ff.
Vordruck 122.
Vorstand (der Akt.-Ges.) 16, 24ff., 63ff., 99.
Vorräte (vgl. Bestände).

W.

Wahrscheinlichkeitsschluß 29, 81.
Währung 30.
Warenlager 65.
Wechselseitigkeit (von Rechten u. Pflichten im Abgabeverhältnis) 84.
Wehrbeitragsgesetz 27, 113.
Wert 33ff.
Wertberichtigungskonto 50, 119.
Werterhöhungsmomente 48, 49, 51.
Wertpapiere 55ff., 61, 121.
Willkür 63, 88.
Wirklicher Wert 61, 117.
Wirtschaftsorganismus 45.
Wohlwollende Schätzung (vgl. odiöse) 75.
Wohlfahrtsfonds 7.
Wumba 119.

Z.

Zahlenmäßig feststehend 29, 30ff.
Zahlenmäßig feststellbar 29, 31ff.
Zweck (wirtschaftlicher des Gesetzes) 10.
Zweckvermögen 24.
Zweifelhafte Forderungen 120.

Druck von A. W. Hayn's Erben, Potsdam.

FSC
www.fsc.org
MIX
Papier | Fördert gute Waldnutzung
FSC® C083411

Kolibri 360 GmbH
Ferdinand-Jühlke-Straße 7
99095 Erfurt, Deutschland
produktsicherheit@kolibri360.de